北京市预拌混凝土行业绿色发展实践

北京市住房和城乡建设委员会　主编

中国建材工业出版社

图书在版编目（CIP）数据

北京市预拌混凝土行业绿色发展实践 / 北京市住房和城乡建设委员会主编．-- 北京：中国建材工业出版社，2021.8

ISBN 978-7-5160-3182-7

Ⅰ．①北… Ⅱ．①北… Ⅲ．①预搅拌混凝土－建筑材料工业－工业发展－研究－北京 Ⅳ．① F426.9

中国版本图书馆 CIP 数据核字 (2021) 第 058269 号

北京市预拌混凝土行业绿色发展实践

Beijingshi Yuban Hunningtu Hangye Lüse Fazhan Shijian

北京市住房和城乡建设委员会　主编

出版发行：中国建材工业出版社

地　　址：北京市海淀区三里河路 1 号

邮政编码：100044

经　　销：全国各地新华书店

印　　刷：北京印刷集团有限责任公司

开　　本：787mm×1092mm　1/16

印　　张：12.75

字　　数：300 千字

版　　次：2021 年 8 月第 1 版

印　　次：2021 年 8 月第 1 次

定　　价：68.00 元

本社网址：www.jccbs.com，微信公众号：zgjcgycbs

本书编委会

主编单位：北京市住房和城乡建设委员会

主　　编：薛　军　刘　斐

副 主 编：闫乃斌　王合叶　刘洪波

编　　委：郑学忠　魏吉祥　徐东林　陈炜文　王　颖　葛　栋

齐文丽　周　红　赵玉虎　韦寒波

执行主编：杨玉启　胡耀林　师海霞　张全贵　郑永超　陈喜旺

参编人员：卢海兵　申明远　朱双明　聂　拓　周玥彤　矫　明

王玉雷　张登平　张增彪　蔡　玮　石新雨　姜莎莎

谢开嫣　任铁钺　赵志明　曹有来

审稿专家：徐永模　张增寿　李彦昌　楚建平　庄剑英　韩小华

李帼英　翟宇环　刘　莹　史　超

序　言

党的十九大报告将“建设美丽中国”作为建设社会主义现代化强国的重要任务，指出“建设生态文明是中华民族永续发展的千年大计”。十九届五中全会明确提出到2035年“广泛形成绿色生产生活方式，碳排放达峰后稳中有降，生态环境根本好转，美丽中国建设目标基本实现”的远景目标。

混凝土是城乡建设不可或缺的基础性材料，在北京城乡建设与实现可持续发展中发挥了重要作用，伴随着城乡建设整体水平的提升，行业的绿色发展水平也稳步提升。特别是从2009年起，北京市启动了混凝土行业治理整合和绿色生产工作，通过持续努力，全行业在高质量发展方面取得阶段性成绩，截至2020年年底，累计关闭不符合要求的混凝土搅拌站点158个，保留站点的产能利用率显著提升。同时，在绿色生产、绿色运输方面进行了有益的尝试，取得了积极成效。绿色发展政策、标准日渐完善，绿色发展理念已经深入人心。

《北京市预拌混凝土行业绿色发展实践》编写组从国内外预拌混凝土绿色发展实践、北京市预拌混凝土绿色发展历史沿革与制度设计、预拌混凝土绿色发展技术要点、绿色生产典型案例、原材料绿色供应链等多维度全面梳理和总结了自20世纪70年代行业初创时期，特别是过去十余年混凝土行业治理整合和绿色发展的探索实践。行业同仁筚路蓝缕、艰辛奋斗，在半个世纪的发展过程中，始终按照国家要求持续推进绿色发展工作，并结合北京市地方特点进行创新，形成了具有鲜明地区特色和时代特点的绿色发展道路。

绿色是生命的象征，大自然的底色，更是美好生活的基础、人民群众的期盼。“十四五”时期处于“两个一百年”奋斗目标的历史交汇期，是美丽中国建设的关键期、攻坚期和窗口期。期盼行业同仁全面落实绿色发展新理念，把握机遇，积极作为，全面提升行业资源集约和环境友好水平，为美丽中国战略目标的实现提供有效支撑。

希望本书的出版能对行业同仁有所启发、借鉴，不足之处，敬请批评指正。

编者

2021年6月

目　录

1　国内外预拌混凝土绿色发展实践

随着城市基建规模快速发展，预拌混凝土产业应运而生，并逐步向商品化、绿色化方向转变。预拌混凝土的绿色发展，既能减少污染，构建绿色舒适的生活和工作环境，又能与自然生态系统协调共生，已经成为行业发展的主旋律和历史使命。借鉴和汲取国内外的有益经验，对北京市预拌混凝土绿色发展具有积极的意义。

1.1　国外预拌混凝土绿色发展概况

1.1.1　欧洲预拌混凝土行业整体发展概况

第二次世界大战结束后，欧洲国家城镇化水平得以快速提升，到 20 世纪 90 年代初，欧洲平均城镇化水平已超过 70%。城镇化水平决定了城市基础设施的建设速度，20 世纪以来随着欧洲大多数国家城镇化建设趋于稳定，建筑业、房地产业及基本的土木工程建筑等基础行业投资增速保持在较低水平。基础建设不足导致欧洲预拌混凝土消耗量保持在较低水平，近 20 年欧洲 20 国① 预拌混凝土整体消耗量及人均消耗量在 2006 年达到峰值，年整体消耗量在 4.7 亿 m^3 左右，年人均消耗量在 $0.9m^3$/ 人左右（图 1-1）。

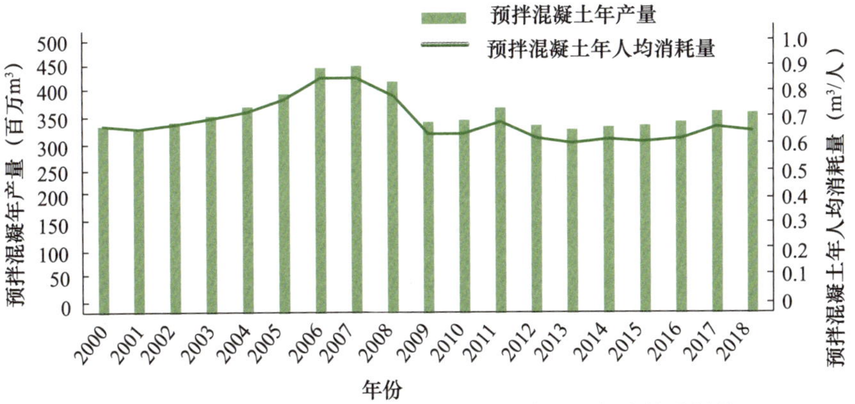

图 1-1　近 20 年欧洲 20 国预拌混凝土年产量及年人均消耗量

（数据来源：http://ermco.eu/ 欧洲预拌混凝土协会）1

---

① 欧洲预拌混凝土协会统计数据中的欧洲 20 国包括奥地利、比利时、捷克、丹麦、芬兰、法国、德国、爱尔兰、意大利、新西兰、波兰、葡萄牙、斯洛伐克、西班牙、瑞典、英国、以色列、挪威、瑞士、土耳其。

2008 年全球金融危机爆发，当年欧洲 20 国预拌混凝土消耗总量随即出现下滑，2009 年消耗总量继续下降，2011 年出现小幅反弹后再次下滑，直到 2017 年再次出现小幅反弹。近 10 年欧洲 20 国预拌混凝土年消耗量维持在 3.5 亿～ 3.9 亿 m^3，年人均消耗量维持在 0.64 ～ 0.73m^3。目前，欧洲主要国家预拌混凝土年产量及年人均消耗量见表 1-1。

表 1-1　目前欧洲主要国家预拌混凝土年产量及年人均消耗量

国家	年产量（百万 m^3）	年人均消耗量（m^3/ 人）
英国	22.5	0.3
德国	52.8	0.7
法国	39.7	0.6
意大利	27.3	0.5
俄罗斯	38.0	0.3

数据来源：http://ermco.eu/ 欧洲预拌混凝土协会。

预拌混凝土起源于欧洲，在欧洲发展最为成熟。欧洲很多国家都对预拌混凝土生产所产生的粉尘、污染、噪声等制定了环保指标，用以限定并保证预拌混凝土的绿色生产（图 1-2）。早在 1994 年欧洲预拌混凝土协会编制了第一版混凝土搅拌站环境审计清单编制指南，鼓励混凝土搅拌站在生产过程中对环境进行定期自我评估。2006 年欧洲预拌混凝土协会对第一版编制指南进行了改版。环境审计清单采纳了 ISO 标准 EN ISO 14001“环境管理体系——使用指南要求”以及欧洲生态管理和审计计划所倡导的持续环境改善概念，提出了达到环境目标不同程度的衡量标准，并指出了可能需要采取改善措施的领域。环境审计清单内容包括环境管理、搅拌站的维护和外观（如是否进行了绿化工程，工厂内外道路和车场区域状态是否令人满意，现场是否有过量堆积的废料或灰尘等）、废物管理（如混凝土冲洗水是否重复使用，所有废物是否尽可能进行分离和回收，是否已采取措施尽量减少现场废物的产生等）、有害物质回收处理、水的管理、粉尘控制、噪声和振动控制、能源管理、运输车辆管理等 9 大指标。每个方面 下设多个问题，企业按照清单问题回答，依据衡量标准对各指标进行打分，最终核算该搅拌站的总分。该指南在整个欧洲被采用，成为衡量混凝土行业环境绩效的主要工具之一，其依据是欧盟环境指令和法规。

固体废弃物是建筑材料企业争夺的资源，由于在混凝土行业大量使用固体废弃物，2008 年开始，英国填埋的固体废弃物减少了 76%，目前他们所使用的废弃物数量是填埋废弃物数量的 60 多倍。高品位资源的枯竭已经逐渐将行业的目光转移到废弃物综合利用上来，有战略眼光的企业已经开始迅速占有固体废弃物资源。一些大型水泥—混凝土企业开始从建筑体系构件着手整合其在材料领域的优势，从而在建筑节能、环保等领域开创新的业务领域。

图 1-2　德国某企业搅拌站现场

1.1.2　美国预拌混凝土绿色发展概况

美国预拌混凝土行业共计约有 5500 个混凝土搅拌站和 5.5 万辆混凝土搅拌车。一个混凝土搅拌站服务 60 ～ 90min 车程之内的施工现场。2005 年、2006 年美国预拌混凝土年产量在 3.5 亿 m^3 左右，受全球经济危机影响，2011 年产量一度跌至 2 亿 m^3，自 2016 年开始产量再次回升至 2.6 亿 m^3 以上，2018 年达到 2.74 亿 m^3。

预拌混凝土生产、运输过程中的各个环节都会对环境产生影响，对此，美国国家预拌混凝土协会推出了可持续发展计划。其理念是在混凝土原材料获取、生产、运输到回收的全生命周期内，推行降低能源消耗、节约用水、减少废料及回收利用措施。

① 获取原料阶段：支持采用综合环境管理系统的材料供应商，尽量使用地理位置较近的供应商，提高再生骨料、辅助胶凝材料的使用率，使用非饮用水，以减少资源及能源的浪费。

② 生产阶段：对预拌混凝土工厂从工厂设计、生产流程、设备维护及废弃物管理等方面进行能耗评估，工厂需采用严格的环境管理体系，符合甚至高于国家相关环境法规标准。

③ 运输阶段：使用 GPS 最优线路，使用油耗低或替代燃料的搅拌车。

④ 回收阶段：开展可循环使用的骨料、水及胶凝材料的混凝土性能验证及实验研究。剩退混凝土用于厂区路面铺设及其他产品生产，如景观区或隔离带等。

对于上述可持续发展计划，美国混凝土行业制定了相应的可持续发展评估措施，评估方法为全生命周期评估法设置了生产能耗、碳排放、废物排放等关键发展目标。

1.1.3 日本预拌混凝土绿色发展概况

日本每年生产 1.2 亿～ 1.5 亿 m^3 的预拌混凝土。1994 年日本预拌混凝土总产量为 2 亿 m^3，达到峰值。

日本的混凝土搅拌站特别关注固体废弃物的有效利用，有专门的建筑废料回收利用工厂，从东京圈内接收建筑废料和混凝土废料，进行粉碎、筛选和制造再生砂石骨料，致力于建立资源循环型企业。工业用水和生活用水也是分开计量，工厂中水回收利用率达到 80%，高质量的再生骨料与机制砂石质量没有区别，可当作骨料正常使用。

日本混凝土搅拌站的清洁生产和管理注重细节（图 1-3）。工厂严格实施清洁管理，即便是运转了多年的搅拌设备，仍然光亮如新，很难见到尘土。日本混凝土搅拌罐车日常进出工厂都需要清洗干净，维护保养得非常好。

日本对于环保的高度重视和在资源循环利用方面的探索都值得我们借鉴。在日本，混凝土搅拌站要符合地方的环保要求，噪声一般是 65dB 以内，皮带宽 700mm 以上需要额外配防尘罩。

图 1-3　日本某混凝土搅拌站现场

1.1.4 加拿大预拌混凝土绿色发展概况①

以加拿大不列颠哥伦比亚省（简称“BC 省”）为例，BC 省的预拌混凝土协会制定了 BC 省《混凝土及混凝土制品行业业务守则指南》（简称《指南》），将国家环境部门的相关要求与混凝土及混凝土制品行业相结合，包括生产过程中废弃物的产生和处理、污染物排

① 《加拿大不列颠哥伦比亚省混凝土及混凝土制品行业业务守则指南》，加拿大不列颠哥伦比亚省预拌混凝土协会。

放控制、建立管理台账等。其具体依据是国家颁布的《环境管理法》《废物排放条例》《污水系统条例》《混凝土与混凝土制品工业守则》等。

混凝土与混凝土制品行业的粉尘控制、废弃混凝土处置、污水排放等绿色发展建设均在《指南》中有所体现。

① 粉尘排放：《环境管理法》规定了大温区域局负责该区域的空气质量监察，控制工业、商业和居民污染物排放，制定并实施空气质量管理计划。大温区域局通过许可证和相应规章制度来管理和限制工商业污染物排放源及排放物，并对其实施监管。混凝土与混凝土制品粉尘排放需要遵循大温区域局的相关规定并受其监管。

预拌混凝土搅拌站的生产和运输过程会产生粉尘，《指南》提出要合理调配骨料和其他原材料的入场和转移，并提出一些操作意见。例如，精细调整配料顺序形成一个稳定可控的原材料入机流程；封闭骨料储存库和转移点；新建厂房考虑风向，选择受盛行风影响最小的区域；用洒水器降尘；选择好的除尘系统等。

② 废弃混凝土处置：预拌混凝土搅拌站必须确保废弃混凝土的处置方式不会造成污染。一般有两种方式：一种是在操作和质量控制允许的情况下，将回收的混凝土并入后续生产批次，这一过程必须受到密切监视，保证后续生产的混凝土性能不会受影响；另一种是将废弃混凝土用于生产预制产品或模具，如制成互锁砌块、公路护栏、路肩等。预制混凝土产品可以在搅拌站现场使用，也可以对外销售。

③ 污水排放：企业经营者必须确保生产用水不会对地下水造成污染，排放到地面的污水必须符合相应的操作规程和法规要求。搅拌站实施雨污分别处理，生产用水、搅拌车和搅拌机清理用水一般会通过过滤设施进行二级过滤沉淀，并进行充分处理，达到排放标准后再进行排放；雨水处理通常取决于搅拌站场地的条件，如厂区的排水系统、斜坡和雨水下水道系统等，搅拌站通常都是通过硬化路面铺设和斜坡直接将雨水引入集水池。

《指南》还提出了必须对污染物排放、控制进行记录，记录备存不少于 5 年，且随时备查。

1.2 我国预拌混凝土绿色发展概况

1.2.1 绿色发展概况

我国预拌混凝土已走过数十年的发展历程，近几年来，随着工程建设规模的不断扩大，预拌混凝土企业数量激增，行业规模持续扩大。据不完全统计，全国现有预拌混凝土生产企业约 11000 家，2020 年规模以上企业生产预拌混凝土 28.43 亿 m^3，年产值超 10000 亿元，发展成就显著（图 1-4）。目前，我国预拌混凝土已形成了从原材料制备、混凝土设计、生产、物流运输到工程服务的完备产业链，为工程建设做出了重要贡献。

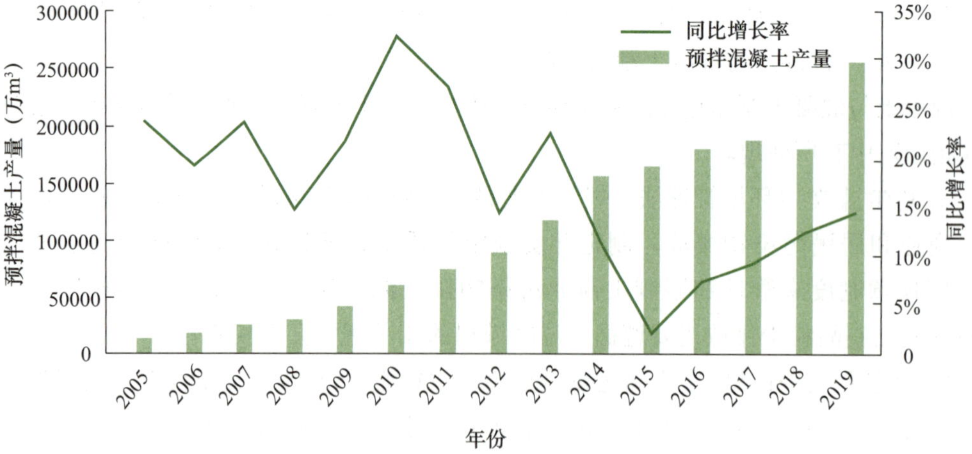

图 1-4　2005—2019 年我国预拌混凝土产量及同比增长率

（数据来源：中国混凝土与水泥制品协会，由于规模以上工业企业范围每年发生变化，为保证本书数据与上年可比，产品产量指标同比增长速度所采用的同期数与本期的企业统计范围相一致，和上年的数据存在口径差异。）

每年混凝土及水泥制品要消耗水泥 20 多亿吨、砂石 150 多亿吨。在我国高度重视生态文明建设、强化环境保护的新形势下，预拌混凝土作为大宗物流，容易在加工制造、产品运输等环节存在安全和污染问题，受到社会有关方的高度关注。因此，向减量集约、绿色高质量发展转型已成为预拌混凝土行业适应新形势及新经济发展的必由之路。近几年来，在国家绿色发展理念与政策的推动下，全国已涌现出一批预拌混凝土绿色环保标杆企业，标志着预拌混凝土产业优化升级的突破。一大批预拌混凝土企业率先完成绿色清洁生产的装备改造和技术升级，成为行业先进示范企业（图 1-5）。

图 1-5　国内某搅拌站现场

1.2.2 政策引领

党的十七大把建设生态文明列入全面建设小康社会的目标；党的十八大将生态文明建设上升到国家战略的高度，构成“五位一体”国家战略新布局；党的十九大提出推进绿色发展，建立健全绿色低碳循环发展的经济体系。2020年国家提出“碳达峰、碳中和”目标，我国二氧化碳排放力争2030年前达到峰值，力争2060年前实现碳中和。国家政策在绿色发展方面主要推进以下工作。

① 大力推进能效提升，加快实现节约发展。以供给侧结构性改革为导向，推进结构节能；以先进适用技术装备应用为手段，强化技术节能；以能源管理体系建设为核心，提升管理节能。

② 扎实推进清洁生产，大幅减少污染排放，减少有毒有害原料使用。推进清洁生产技术改造，加强节水减污，推广绿色基础制造工艺。

③ 加强资源综合利用，持续推动循环发展，大力推进工业固体废物综合利用。加快推动再生资源高效利用及产业规范发展。积极发展再制造业，全面推行循环生产方式。削减温室气体排放，积极促进低碳转型，推进重点行业低碳转型。控制工业过程温室气体排放，开展工业低碳发展试点示范。提升科技支撑能力，促进绿色创新发展，加快传统产业绿色化改造、关键技术研发。

④ 支持绿色制造产业核心技术研发。鼓励支持工业绿色发展的共性技术研发。加快构建绿色制造体系，发展壮大绿色制造产业，开发绿色产品。创建绿色工厂，发展绿色工业园区，建立绿色供应链。支持企业实施绿色战略、绿色标准、绿色管理和绿色生产，开展绿色企业文化建设，提升品牌绿色竞争力。充分发挥区域比较优势，推进工业绿色协调发展，紧扣主体功能定位，进一步调整和优化工业布局。落实重大发展战略，推动绿色制造示范和产业升级。推进区域工业绿色转型，实施区域绿色制造试点示范。

⑤ 实施绿色制造＋互联网，提升工业绿色智能水平。推动能源管理智慧化，促进生产方式绿色精益化，创新资源回收利用方式。着力强化标准引领作用，提高绿色发展基础能力，健全标准体系，建立评价机制，夯实数据基础，强化创新服务。

⑥ 积极开展国际交流合作，促进工业绿色开放发展，推进绿色国际经济合作。

在生态文明建设相关宏观政策的引导下，绿色建筑、新型城镇化建设、制造业转型升级、节能环保都成为当前经济结构调整的重要组成部分，并从这些角度提出建材行业、预拌混凝土行业的绿色发展方向。相关部门陆续出台了配套的管理办法、意见、标准等政策文件。例如，生态环境部会同财政部、商务部、工业和信息化部及其他相关部门相继出台了绿色税费政策、绿色信贷政策、绿色采购政策等。行业主管部门出台的具体实施意见和细则为绿色建材、绿色混凝土发展提供了政策支撑。

1.2.3 重点地区预拌混凝土绿色发展情况

1. 江苏省预拌混凝土绿色发展情况

在国家绿色发展战略框架下，江苏省相关部门从社会发展到建筑业，再到建材业陆续出台了绿色发展相关政策，如《江苏省绿色建筑发展条例》《省政府关于推进绿色产业发展的意见》（苏政发〔2020〕28号）等。为加快江苏省绿色建筑及其技术的健康发展，早在2009年江苏省建设厅就设立了“江苏省绿色建筑奖”，制定了《江苏省绿色建筑奖评审办法》，由建设厅每年组织评审及表彰；为指导江苏省省级建筑节能和绿色建筑示范区验收评估工作，2013年江苏省住房和城乡建设厅、财政厅制定了《江苏省省级节能减排（建筑节能）专项引导资金建筑节能和绿色建筑示范区验收评估细则》；江苏省市场监督管理局、江苏省住房和城乡建设厅、江苏省工业和信息化厅联合成立了江苏省绿色建材产品认证推广工作组，根据国家绿色建材产品标准、认证、标识推进工作组的部署，负责协调推动全省绿色建材产品标准、认证、标识推广工作。

2016年，江苏省住房和城乡建设厅科技发展中心、省散装水泥办公室开始组织全省预拌混凝土、预拌砂浆企业绿色建材评价标识申报工作，各地申报工作由省辖市散装水泥办公室或相关管理机构统一组织。

近几年，江苏省预拌混凝土行业在节能、环保、资源综合利用、信息化建设等绿色发展方面不断加大投入。各地有关部门加大了对混凝土绿色生产的监管力度，陆续开展了专项整治活动，包括非法混凝土搅拌站资质排查及整改、混凝土生产扬尘污染停产整改、混凝土工程施工质量专项监督检查和治理行动、建设施工现场扬尘污染专项整治行动等内容。江苏省混凝土企业积极贯彻政府环保理念，提高行业环保水准。整治活动对行业有着深远影响，进一步促进了市场规范，对行业集中度有较大的提升，整个行业的绿色水平也得到了进一步提高；混凝土行业正逐步走上绿色发展之路，有序运行，不符合绿色生产条件的企业也将被淘汰出局。

江苏省预拌混凝土行业逐步提高对管理运营智能化的重视程度，智能化的提升不仅有助于提升生产制造水平，推动企业管理变革，也将助力提升产业集中度。在重点地区，混凝土行业智能工厂试点示范计划正在有序推进。

2019年，江苏全省混凝土产量2.8亿m^3，有资质的企业数量为993家，全行业从业人数为5万人，供给侧改革结构调整及专项环保整治使得新建企业和部分老企业千方百计地通过绿色环保标准化改进工艺和设备，行业整体产能利用率得到一定程度的提高。优势企业和企业集团继续发力，成为江苏省混凝土产业布局新业态重构的重要力量。

2. 广东省预拌混凝土绿色发展情况

2013年，为贯彻落实《国务院办公厅关于转发发展改革委　住房城乡建设部绿色建筑行动方案的通知》（国办发〔2013〕1号）要求，广东省人民政府办公厅出台《广东省绿色建筑行动实施方案》；2020年11月广东省第十三届人民代表大会常务委员会第二十六次会议通过《广东省绿色建筑条例》，自 2021 年 1 月 1 日起施行。绿色建材方面，广东省跟随国家相关部门政策持续开展绿色生产等级达标评价工作，2016 年由省住房和城乡建设厅负责管理、广东省散装水泥管理办公室和广东省预拌混凝土行业协会主编的地方标准《〈预拌混凝土绿色生产及管理技术规程〉广东省实施细则》（DBJ/T 15-117-2016）发布。

2019 年，广东省行业主管部门和协会加强和引导预拌混凝土企业进行绿色升级改造，通过绿色生产等级达标评价企业 141 家。其中，一星级占 29.08%、二星级占 34.04%、三星级占 36.88%；全省有 49 家企业实验室通过广东省标准《预拌砂浆、混凝土及制品企业试验室管理规范》（DBJ/T 15-104-2015）综合评价，占全省企业总数的 5.62%；全行业参与检验能力大对比企业数为 371 家，参与率 44.06%，各检验项目全满意的企业数为 90 家。

3. 成都市预拌混凝土绿色发展情况

2017 年，行业主管部门印发《成都市预拌混凝土绿色生产达标考核细则》，在随后出台的《成都市城乡建设委关于开展成都市预拌混凝土搅拌站综合整治的通知》（成建委〔2017〕320 号）《成都市预拌混凝土和预拌砂浆企业信用评价管理暂行办法》《成都市预拌混凝土管理规定（试行）》中对企业的持续绿色生产做出了要求和考核细则。2020 年印发《关于进一步加强预拌混凝土和预拌砂浆企业绿色生产监督管理的通知》。这些文件的颁发，极大地推进了成都市混凝土搅拌站绿色生产的管理水平，对淘汰落后产能起到了积极推动作用。

近年来成都市持续开展预拌混凝土搅拌站综合整治工作，全面核查无资质、临时、现场混凝土搅拌站关停取缔落实情况，在成都市绿色建材监督服务站的带领下，对全市纳入关停、取缔的 128 家混凝土搅拌站拆除情况进行逐一落实检查。通过检查，加快了非法搅拌站的拆除关停工作。同时，行业主管部门对预拌混凝土企业开展年度信用评价监督检查工作，不仅对产品质量、安全生产进行检查，同时着重对其绿色生产水平进行有效评价。各区县建设主管部门、协会及行业专家组对混凝土搅拌站质量、安全及绿色生产检查已形成常态化。通过高频率的检查及要求，成都市混凝土搅拌站绿色生产水平显著提高。

成都市 181 个生产站点全部按照《成都市预拌混凝土绿色生产达标考核细则》取得了绿色生产达标证书，涌现出大批优秀的企业，一些企业已被中国混凝土与水泥制品协会评为“全国预拌混凝土绿色示范工厂”。成都市预拌混凝土行业环保措施取得了很大成绩，行业社会认可度得到了极大提升。

1.2.4 绿色发展实践总结

我国预拌混凝土绿色发展实践主要体现在以下几个方面。

1. 推行清洁生产

预拌混凝土今后作为都市产业必须与城市美化、绿化一体化协同发展，这是行业能否在城市生存的基本要求。因此，不仅要在厂区内外进行绿化美化，还要采用现代工业建筑设计，让工厂建筑不仅与周围城区景观融合，还要形成特色建筑景观，美化城市环境。

一是要完成绿色清洁生产的装备改造和技术升级。如采用全流程绿色管理，合理规划原材料运输进出动线、人员动线、产品动线，采用后场上料方式，实现全封闭管理；厂区地面保持清洁无泥，而不是简单的洒水降尘；采用清洁燃料车运输，减少机动车尾气污染；混凝土运输车要时刻保持清洁，不能给城市交通景观“添堵”。

二是要建设全封闭带喷淋装置室内料场、全封闭带大型除尘装置的搅拌楼、污水综合处理回收利用系统，实现零排放。厂区内，无论是搅拌车，还是搅拌楼；无论是原料库，还是实验室，处处干净整洁，无烟尘、低噪声，自动感应喷雾降尘系统可自动检测环境、调节降尘水雾浓度，使厂区始终保持没有烟尘的环境状态（图 1-6）。

图 1-6　搅拌站全封闭主站及料场

三是要设置砂石集中上料系统，通过接料斗、输送皮带廊、分料小车，将砂石直接送至立体封闭储料仓。同时在卸料口设置负压收尘房及高压喷淋装置，在皮带上设置喷水管，使卸料过程中的扬尘得以回收利用，不向大气排放（图 1-7）。

图 1-7　卸料口设置负压收尘房及高压喷淋装置

四是要设置固体废料回收装置，将试验后的混凝土试块、搅拌机生产过程中产生的固体积料，以及清除搅拌车罐体内的混凝土结块，通过破碎机破碎后，形成再生骨料加以利用（图 1-8）。

五是要优化厂区规划设计，重视厂区绿化，把厂区的辅助设施点缀成园林景观。通过乔木、灌木、爬藤及杂草混植，形成立体、茂密的景观层次，既有一些野趣，同时还能起到降尘降噪作用（图 1-9）。

规划雨污分流系统，规划雨水收集池（图 1-10）。

图 1-8　固体废料回收装置

图 1-9　广西某搅拌站厂区园林景观

图 1-10　搅拌站厂区雨污分流设计

2. 强化综合利用

通过对工业废弃物、建筑固体废弃物、搅拌站生产性废弃物充分的前期调研，进行技术开发，包括再生骨料、再生粉体制备高性能混凝土试验研究；工业废弃物（石灰石粉、废弃石料等）在混凝土生产中的研究；废水、废浆等生产废弃物无害化处理及循环利用；绿色高耐久性混凝土试验研究；等等。形成了一批成熟的技术成果，如再生骨料混凝土制备技术、固体废弃物粉料活化技术、石灰石粉混凝土制备技术、尾矿废渣资源综合利用技术、生产废弃物无害化处理及循环利用技术、绿色高耐久性混凝土制备技术。

建筑废弃物一体化处理：集破碎、分拣、深加工（制砂、制砖、再生骨料）、应用为一体化的建筑废弃物资源化综合利用示范工程，实现建筑废弃物回收再利用（图 1-11）。

固废基生态混凝土：植生透水型生态混凝土，极大地减少了环境负荷，提高了生态环境的协调性（图 1-12）。

3. 推进两化融合，发展智能制造

利用传感技术和信息采集技术，改造 / 建设智能化的预拌混凝土搅拌站，将采购、调度、生产、物流、技术、财务六大混凝土企业核心业务，融为一体形成一个智能生态链，实现优质高效管理。深化电子商务应用，利用二维码、云计算等技术建立绿色混凝土可追溯信息系统，提高绿色混凝土物流信息化和供应链协同水平。

图 1-11　深圳某建筑废弃物一体化处理现场

图 1-12　深圳某生态混凝土施工现场

4. 开展绿色建材评价

按照《绿色建材评价标识管理办法》，建立绿色建材评价标识制度。开展绿色建材星级评价，发布绿色建材产品目录，构建绿色混凝土信息系统。建立绿色混凝土数据库和信息采集、共享制度。利用“互联网 +”等信息技术构建绿色混凝土公共服务系统，发布绿色混凝土评价标识、试点示范等信息。截至 2020 年底，全国有 546 家企业的产品获得三星绿色建材评价标识。

2 北京市混凝土搅拌站绿色发展历史沿革与制度设计

在半个世纪的发展过程中，北京市预拌混凝土行业绿色发展工作一直按照国家要求持续推进，并结合地方特点进行创新，形成了具有鲜明地区特色和时代特点的绿色发展实践。

2.1 第一阶段：推动发展期（1970—2000）

北京市预拌混凝土发展起步于20世纪70年代。早期预拌混凝土只限于企业内部使用，没有实现商品化，如隶属于原铁道工程兵的北京城建三公司搅拌站、北京城建一公司搅拌站和北京二建搅拌站。

1970年，原铁道工程兵15师所辖71团、72团、73团为承接北京地铁2号线分别在地坛南门、建国门和工体南路各建一组集中搅拌站。各站主机采用滚筒自落式搅拌机10台，砂石由皮带上料，采用平台磅计量，采用螺旋输送机输送水泥，该套集中搅拌设备在当时处于国内领先水平，是北京市20世纪70年代初建设的第一批预拌混凝土集中搅拌站，单站年生产能力30万m^3，是北京市发展预拌混凝土的先驱者（图2-1）。

图2-1 北京市20世纪70年代初建设的第一批预拌混凝土集中搅拌站

1978年，北京二建搅拌站（现北京市第二建筑工程有限责任公司混凝土分公司）成立，是具有“三车一站”的较现代化的搅拌站（“三车”即三辆进口混凝土罐车），被誉为“京城第一站”。1996 年，被中国建筑业协会混凝土分会评为“中国五十强商品混凝土企业”。

到 20 世纪 80 年代，北京市陆续出现十几家混凝土搅拌企业，1988 年，北京三联混凝土联营公司（北京金隅混凝土前身）成立，与其他隶属于中铁、中建和建工的混凝土搅拌站不同，北京三联混凝土联营公司没有内部供应，完全靠市场化运作，成为北京市首家商品混凝土的生产销售公司，标志着预拌混凝土由自用到商品化的转型。到 2000 年北京市拥有混凝土搅拌站 56 家，年产量 891 万 m^3。1986—2000 年北京市混凝土搅拌站数量和产量变化如图 2-2 所示。

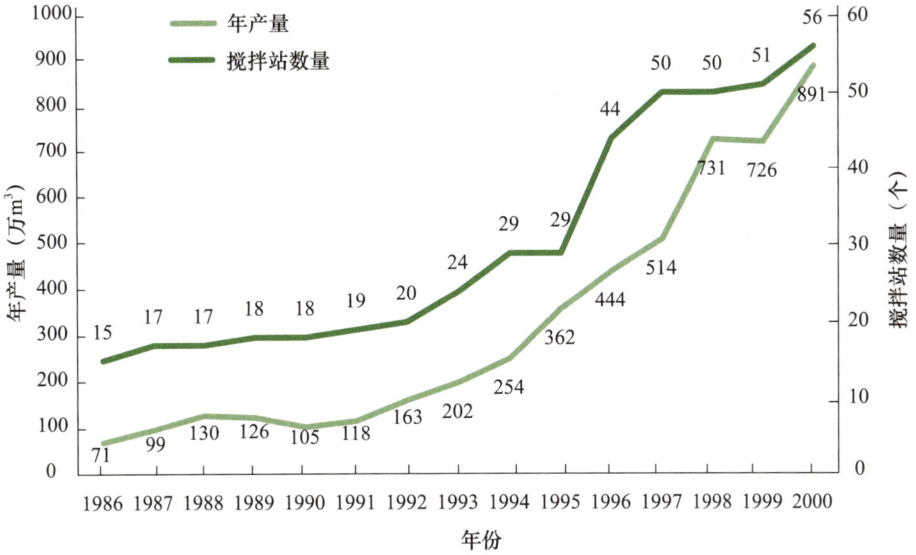

图 2-2　1986—2000 年北京市混凝土搅拌站数量及产量变化

1987 年 9 月 5 日，为保护和改善环境、防治大气污染、保障公众健康、推进生态文明建设、促进经济社会可持续发展，由全国人民代表大会常务委员会发布《中华人民共和国大气污染防治法》，自 1988 年 6 月 1 日起实施。1988 年 7 月 7 日，北京市人大常委会为贯彻实施《中华人民共和国大气污染防治法》，保护和改善北京市大气环境，保障人体健康，促进首都社会主义现代化建设的发展，颁布了《北京市实施〈中华人民共和国大气污染防治法〉条例》（简称《条例》）。《条例》指出，北京市各级人民政府必须将大气环境保护工作纳入国民经济、社会发展计划和城乡建设规划，实行预防为主、防治结合的方针，采取有效措施，防治大气污染。

1990 年 5 月 28 日，北京市人民政府颁布《北京市实施〈中华人民共和国大气污染防治法〉条例》行政处罚办法，自 1990 年 7 月 1 日实施。该办法是根据 1988 年《北京市实施〈中华人民共和国大气污染防治法〉条例》第三十二条的规定制定。

到 1998 年 12 月 16 日，北京市人民政府发布《关于采取紧急措施控制北京大气污染的通告》，进入北京市采取措施控制大气污染的第一阶段。1999 年 3 月 4 日，北京市人民政府发布《北京市人民政府关于本市第二阶段控制大气污染措施的通告》(京政发〔1999〕8 号),指出为巩固第一阶段的治理成果,在继续认真执行《北京市人民政府关于采取紧急措施控制北京大气污染的通告》的同时,市政府决定,1999 年 3—9 月为北京市采取措施控制大气污染的第二阶段。第二阶段的目标和任务是:以控制扬尘污染为重点,加大治理煤烟型污染和机动车排气污染力度,进一步改善大气质量,以清洁优美的环境迎接中华人民共和国成立 50 周年。同时还提出要按规定使用预拌混凝土,搅拌站必须有控制扬尘措施。

2.2 第二阶段:快速成长期(2001—2008)

进入 21 世纪后,北京市建设规模的扩大,大大推动了预拌混凝土搅拌站的加速发展,行业进入快速成长期。据不完全统计,到 2008 年年底,北京市预拌混凝土年产量超过 4500 万 m^3,比 20 世纪末增长了近 4 倍。

2001 年,北京市人民政府发布了《北京市建设工程施工现场管理办法》(市政府 72 号令),明确规定四环路以内的建设工程施工现场,混凝土浇筑量超过 100m^3 的工程,应当使用预拌混凝土,并提出了相应的处罚措施。2002 年 3 月 28 日,北京市人民政府发布第八阶段控制大气污染措施的通告,通告中规定:市区、北京经济技术开发区自 2002 年 5 月 1 日开始,凡浇筑混凝土量 100m^3 以上的施工现场必须使用预拌混凝土,各远郊区县城关镇地区自 2002 年 10 月 1 日开始,施工现场预拌混凝土使用率要达到 80% 以上。

2003 年 10 月 16 日,商务部、公安部、建设部、交通部联合下发《关于限期禁止在城市城区现场搅拌混凝土的通知》,其中明确指出:各地区应当采取措施,将限期禁止在城市城区现场搅拌混凝土纳入工作日程。北京等 124 个城市城区从 2003 年 12 月 31 日起禁止现场搅拌混凝土,其他省、自治区、直辖市从 2005 年 12 月 31 日起禁止现场搅拌混凝土。各城市要根据本地实际情况制定发展预拌混凝土和干混砂浆规划及使用管理办法,采取有效措施扶持预拌混凝土和干混砂浆的发展,确保建筑工程预拌混凝土和干混砂浆的供应。

2004 年 2 月 28 日,市建委、商务局、公安局、交通委联合下发《关于转发〈商务部、公安部、建设部、交通部关于限期禁止在城市城区现场搅拌混凝土的通知〉的通知》(京建材〔2004〕77 号),规定在规划市区、市经济技术开发区、城近郊区和各远郊区县城关镇地区,凡浇筑混凝土量超过 100m^3 的施工现场,必须使用预拌混凝土,禁止施工现场搅拌混凝土。

据不完全统计,到 2008 年年底,北京市预拌混凝土搅拌站超过 200 个,固定资产净值 67 亿元,就业人数 3.5 万人;年总生产能力约为 3 亿 m^3;混凝土搅拌运输车 4020 辆、泵车 514 辆。1/3 以上的搅拌机采用配料计量计算机控制,80% 的混凝土搅拌运输车使用卫星导航定位系统。

2.3 第三阶段：治理整合及高质量发展期（2009 年至今）

随着北京市混凝土行业的快速发展，行业也暴露出种种发展问题，如产能严重过剩、环保重视程度不足，站点布局不合理，绿色发展无标准可依等。《北京市预拌混凝土搅拌站治理整合专项工作规划》（京建材〔2009〕736 号）的发布，标志着北京市预拌混凝土行业进入治理整合阶段。

（1）制定北京市预拌混凝土搅拌站治理整合专项工作规划，落实北京市《预拌混凝土生产管理规程》地方标准，开展混凝土搅拌站专项监督检查工作

2009 年 6 月 15 日，北京市发布地方标准《预拌混凝土生产管理规程》（DB11/642—2009）。该规程由北京市混凝土协会主编，自 2009 年 9 月 1 日起实施。各搅拌站应按该规程进行技术改造和组织生产，其中，搅拌楼（站）生产工艺过程中的上料、配料、搅拌等环节必须实施封闭，达到降低噪声和粉尘排放指标的要求；搅拌楼（站）主体二层及以上部分应密闭，其内部应采用防尘的采光设备采光；预拌混凝土企业应采用封闭式骨料堆场；配料仓应加装强制除尘装置；厂区道路及生产作业区的地面应采用硬化地面；流散物体应采用全封闭的车辆运输，且不得遗撒等条款为强制性条文。

2009 年 10 月 13 日，市住房城乡建设委、市发展改革委、市环保局联合印发《北京市预拌混凝土搅拌站治理整合专项工作规划》。工作规划以完善行业发展规划、实施绿色生产标准、取缔非法经营的搅拌站、关停经治理达不到《预拌混凝土生产管理规程》要求的搅拌站、停产城市功能扩展区域内过于集中和与城市发展产生矛盾的搅拌站为重点，推进保留的搅拌站实施完善环保设施的技术改造，推进搅拌站的生产能力与布局调整，实现北京市和各区域预拌混凝土供求基本平衡、生产布局基本合理、保留站点生产能力充分发挥、市场秩序进一步规范。

2010 年 4 月 13 日，北京市人民政府发布北京市第十六阶段控制大气污染措施的通告，通告指出：推动预拌混凝土搅拌站治理整合。严格执行《预拌混凝土生产管理规程》，组织开展预拌混凝土搅拌站绿色生产达标考核，六环路以内需长期保留的预拌混凝土搅拌站要率先达到绿色生产标准。

2010 年 5 月 12 日，为规范预拌混凝土专业承包企业分站管理，促进混凝土行业健康、稳步、有序发展，根据《建筑业企业资质管理规定》等文件，结合北京市实际，市住房城乡建设委发布《关于印发〈北京市预拌混凝土专业承包企业分站资质管理办法〉的通知》（京建发〔2010〕249 号）。

2010 年 5 月 24 日，为了贯彻《北京市人民政府办公厅关于分解实施第十六阶段控制大气污染措施任务的通知》（京政办发〔2010〕9 号），加快推进北京市预拌混凝土搅拌站的治理整合和绿色生产达标工作，加强对预拌混凝土质量的监督管理，保证建设工程的质量。市住房城乡建设委、市环保局、市工商局联合下发《关于开展 2010 年混凝土搅拌站

专项监督检查工作的通知》（京建发〔2010〕285 号）。促进保留的搅拌站加快环保设施的技术改造，确保实现绿色生产达标。

2010 年 5—8 月，市住房城乡建设委对全市正在生产的预拌混凝土搅拌站点进行了资质条件、混凝土质量管理、绿色生产达标等方面的专项监督检查，并抽检混凝土试块、原材料的质量。检查中发现有不合格项目的搅拌站被责令限期整改，其中，问题严重的 6 个搅拌站被撤回资质证书。

2011 年 7 月 8 日，市住房城乡建设委公布了首批 22 个绿色生产达标混凝土搅拌站。第一批通过绿色生产达标考核的搅拌站均进行了环保设施的改造。

（2）开展《北京市 2013—2017 年清洁空气行动计划》，未通过治理整合的混凝土搅拌站进入全面退出阶段

2013 年 9 月 11 日，北京市发布《北京市 2013—2017 年清洁空气行动计划》，明确要求市住房城乡建设委、相关区县政府组织压缩混凝土搅拌站的数量和规模。

北京市人民政府办公厅印发的《北京市 2013—2017 年清洁空气行动计划重点任务分解》其中第 48 项任务为：压缩全市混凝土搅拌站规模。主要措施和时间节点：2013 年，完成整合任务，确定保留的规模总量，五环路内未通过治理整合的混凝土搅拌站基本退出。2014 年，制定并实施全市无手续、无资质搅拌站关闭拆除方案和未通过治理整合的在册搅拌站退出方案。2015 年，实现全市未通过治理整合的混凝土搅拌站基本退出，全市混凝土搅拌站控制在 135 家左右。加强监管，不断提高标准，督促保留的预拌混凝土搅拌站严格落实绿色生产相关管理规定，示范推广更加节能环保的绿色搅拌站。

2014 年 1 月 22 日，经北京市第十四届人民代表大会第二次会议审议通过，《北京市大气污染防治条例》自 2014 年 3 月 1 日起施行。2000 年 12 月 8 日北京市十一届人大常委会第二十三次会议通过的《北京市实施〈中华人民共和国大气污染防治法〉办法》予以废止。《北京市大气污染防治条例》规定，北京市施工工地禁止现场搅拌混凝土。由政府投资的建设工程以及在本市规定区域内的建设工程，禁止现场搅拌砂浆。其他建设工程在施工现场设置砂浆搅拌机的，应当配备降尘防尘装置。北京市禁止新建、扩建混凝土搅拌站；不符合环境治理规划的已建成企业，应当按照市人民政府的规定限期关闭。

2014 年 6 月 25 日，市大气污染综合治理领导小组办公室下发《关于贯彻实施〈北京市大气污染防治条例〉进一步推进混凝土搅拌站治理整合工作的通知》（京大气办〔2014〕14 号），明确了自 2014 年 3 月 1 日起，北京市禁止新建、扩建混凝土搅拌站；限期关闭无任何行政许可混凝土搅拌站；强化预拌混凝土市场的监督执法；强化对保留和有资质混凝土搅拌站的监督管理；强化混凝土搅拌站治理整合的联动监管机制和舆论监督。

2014 年，围绕“严格禁止增量，逐步压缩存量、有序引导流动”的工作目标，各部门有力、有序开展治理整合各项工作，取得了阶段性成效：加强了对《北京市大气污染防治条例》执行情况的执法检查，新建、扩建混凝土搅拌站违法行为得到有效遏制；停产、关闭了 27 个无行政许可搅拌站点，并确保 2013 年关闭的 5 个站点不出现反弹；加强对

混凝土市场的监督执法，打击了非法转让预拌商品混凝土专业企业资质证书及违法分包行为；依法取缔了无资质搅拌站点承揽工程的行为，规范了建设市场秩序。

2014年8月27日，经市质量监督局批准，市质量监督局、市住房城乡建设委共同发布《关于印发北京市地方标准〈预拌混凝土绿色生产管理规程〉的通知》（京建发〔2014〕330号）。规程由北京市混凝土协会主编，编号为DB11/642—2014，代替《预拌混凝土生产管理规程》（DB11/642—2009），自2014年12月1日起实施。其中第8.0.5条（企业应自行监测大气污染物排放情况，或配备大气污染物排放自动监控设备并纳入统一监控系统，维护自动监控设备，保持稳定运行和监测数据准确）和第9.1.2条（流散物体应采用全封闭的车辆运输）为强制性条文。

2015年，北京市大气污染综合治理领导小组办公室下发《关于贯彻落实北京市清洁空气行动计划2015年工作措施加强混凝土搅拌站治理整合有关工作的通知》（京大气办〔2015〕6号），进一步明确依法查处新建、扩建混凝土搅拌站的违法行为，坚决停产、关闭不符合要求的混凝土搅拌站。各区县政府对梳理排查出的无行政许可搅拌站要立即予以停产、关闭，确保2015年内北京市无行政许可搅拌站全部停产、关闭。强化混凝土市场的监督执法，净化建筑市场秩序。住房和城乡建设行政主管部门要按照《北京市预拌混凝土生产使用质量专项治理两年行动工作方案》（京建发〔2014〕358号）相关规定深入开展混凝土搅拌站专项整治活动。

2015年，北京市共有35个不符合要求的站点停止生产混凝土，对北京市166个有资质混凝土搅拌站站点开展专项执法检查，符合《预拌混凝土绿色生产管理规程》要求的站点占北京市站点总量的83.1%，对不符合要求的站点由区建设主管部门责令整改。2013—2015年，按照“严格禁止增量、逐步压缩存量、有序引导流动”的原则，累计关停了不符合要求的搅拌站66个，拆除32个。

2016年，北京市大气污染综合治理领导小组办公室下发《关于进一步做好混凝土搅拌站治理整合与绿色生产管理工作的通知》（京大气办〔2016〕26号），要求巩固治理整合成果，坚决杜绝已关停搅拌站死灰复燃，坚持严格禁止新建、扩建混凝土搅拌站。2016年关闭16个站点，截至2016年累计停产关闭82个搅拌站。

2017年，北京市人民政府办公厅《关于印发〈北京市2013—2017年清洁空气行动计划重点任务分解2017年工作措施〉的通知》（京政办发〔2017〕1号），文件第31项任务为：全面清理无资质搅拌站点。各区政府对非法新建站点发现1个关停1个，禁止有资质站点违法扩建；对拆除之日起一年内未办理迁建手续的混凝土搅拌站，依法取消其资质。2017年关闭不符合要求站点40个，累计停产关闭122个不符合要求的站点。

（3）打赢蓝天保卫战，实施三年行动计划

2018年6月27日，国务院印发关于打赢蓝天保卫战三年行动计划的通知。同年9月7日，北京市人民政府印发《北京市打赢蓝天保卫战三年行动计划》（简称《行动计划》）。

《行动计划》中要求完善扬尘在线监测系统。2019年年底前，北京市混凝土搅拌站安装视频监控设备、颗粒物在线监测系统，并实现与住房城乡建设、城市管理、交通、水务、园林绿化等行业主管部门和环保、城管执法部门在线监测平台联网。同时，加强无组织排放深度治理。市住房城乡建设委组织进一步调整优化混凝土搅拌站布局，坚持产能减量置换，修订北京市《预拌混凝土绿色生产管理规程》。各区组织对使用水泥、砂石等粉状物料的重点行业企业，实施物料运输、装卸、储存、转移和工艺过程等无组织排放深度治理，2018 年年底前基本完成。

（4）标准提升，引领升级，持续开展“新绿规”检查

2018 年，市混凝土协会组织成立了《预拌混凝土绿色生产管理规程》编制组，对原有市地方标准《预拌混凝土绿色生产管理规程》（DB11/T 642—2018）进行修订编制。9 月公开征求意见。12 月 18 日由市住房城乡建设委和市监局批准发布，自 2019 年 4 月 1 日起实施。

2019 年北京市有资质的混凝土搅拌站点共计 144 个，数量同比 2018 年减少 12 个，正常生产受检站点 112 个，其中检查结果在良好以上水平的站点有 102 个。北京市预拌混凝土企业对行业高质量发展的重视程度不断提高，环保设施投入持续加大，综合管理水平持续提升，通过检查，北京市预拌混凝土站点在绿色生产管理方面成效突出，行业清洁化生产和智能化制造水平整体显著提升。

（5）推进北京市预拌混凝土行业供给侧结构性改革，促进行业减量集约高质量发展

2019 年 8 月，为推进北京市预拌混凝土行业供给侧结构性改革，实现减量集约高质量发展，市住房城乡建设委、市发展改革委、市规划委、市交通委、市生态环境局、市公安局公安交通管理局、中国铁路北京局集团有限公司共同制定印发了《北京市预拌混凝土行业减量集约高质量发展指导意见（2019—2025 年》（简称《意见》）。

《意见》以坚持政府引导，市场主导；坚持市级统筹，属地落实；坚持减量置换，集约发展；坚持环保利废，绿色发展；坚持创新驱动，提质增效为基本原则。确定了行业减量集约目标和高质量发展目标。其中，减量集约目标明确通过产能减量置换、兼并重组等手段减少混凝土搅拌站数量。到 2020 年年底，北京市预拌混凝土产能同比 2019 年下降，产能利用率、市场集中度逐步提升。到 2025 年年底，产能同比 2019 年有较大幅降低，产能利用率、市场集中度达到国内领先水平。

北京市预拌混凝土行业的发展具有很强的代表性，是我国预拌混凝土行业发展的一个缩影，其发展历程与全国其他地方存在很多共性问题，值得关注和借鉴。

3 预拌混凝土绿色发展技术要点

绿色发展是预拌混凝土产业向高质量发展转型的重要内容，搅拌站向绿色生产模式升级势在必行。北京市地方标准《预拌混凝土绿色生产管理规程》（DB11/T 642—2018）对预拌混凝土绿色生产给出以下定义："采用先进技术和管理措施，实现资源节约和环境保护的混凝土生产运输活动。"搅拌站生产、迁建或改建时必须遵守《预拌混凝土绿色生产管理规程》（DB11/T 642—2018）及国家相关的法律、法规对绿色生产的要求，应遵循以下原则。

- 厂区布置、生产工艺和关键设备应满足节能、节地、节水、节材、利废和环境友好的要求，生产区域整体封闭。
- 混凝土生产运输过程实现节能、环保、低排放的目标。原材料来源方便，成品运输距离适宜，车辆 100% 清洗清洁；生活热水 100% 使用可再生能源，鼓励在生产环节中使用可再生能源。周边有能承载大流量交通的道路和设施，满足生产需要，同时不影响周边环境。
- 强化废弃物综合利用。加大固废利用量，生产性固体废弃物 100% 回收利用，生产性清洗废浆废水 100% 回收利用，非生产性污水经处理后 100% 回收利用；非生产性固废有序排放。
- 生产、试验、质量检验、运输管理等环节实现信息化、智能化、可视化，满足智能制造要求。
- 厂区绿化率（绿化面积 / 厂区总面积）应达到 10% 以上。

3.1 基本要求

《预拌混凝土绿色生产管理规程》（DB11/T 642—2018）规定了整体布置的基本要求。

3.1.1 厂区布置

厂内绿色生产需要的所有设施要完整可靠。保证绿色生产需要关注的区域和设施包括：硬化地面、道路、备勤停车场、主生产区、罐车停车区、地磅计重区、进场清洗区、罐车接放混凝土口清洗和砂石分离区、罐车加水区、搅拌站下料区、排污清洗区、生产不可用污水处理区、生产可用废水废浆处理区、上料及储存区、日常维修保养区、混凝土调整及取样区、封闭区域内空气交换及处理设施、粉尘收集设施、照明及采光设施、加油站、换电站（针对电动运输车）等，各个区域合理布置，设施功能完善，物流、车流、人流顺畅，满足空间和面积的需要。

主生产区布置要把清洁生产设施和综合利废设施同时作为重要工序。工艺过程中有满足多种产品、多种原料之间切换和复配需求的设备设施。根据各工序的排放特点，设置相应的收尘、降噪、泥水防治、遗撒防治收集处理等设施。搅拌站工艺尽量按照车辆行驶无倒车模式布置。

储料系统和计量系统要满足综合利废的品种需求，骨料采用大型高位料仓节省用地并减少燃油装载机的使用，粉料可远程设置大型料仓集中储存，气力输送减少粉尘跑冒环节，高位中间仓便于搅拌机组的数量和型号布置，用于不同容量的搅拌机生产混凝土和砂浆。根据厂区特点选择合理的储料待料方式，并安排在合理顺畅的位置。根据流量和位置选择道路方案和车辆清洗位置。

厂区要进行封闭。封闭空间要充分考虑高度、采光、吸声、隔声、通风、安全、耐久、节能等使用功能，外观应简洁美观、清新明亮，并与周边环境相协调。封闭区域通向大气的风口处检测大气污染物最高允许排放浓度限值应符合北京市相关规定。封闭材料宜选用耐久的材料。水、电、气、信号、安全监控及照明灯有专用的路径，便于维修、检查、更换。排水管、废水收集设施要根据排出量和水处理工艺要求确定。室内要有便于收尘器、生产主机、地磅、洗车、水处理设施等大中型设备更换或维修的空间及吊装预留孔。任何设备维修改造尽量不用拆解围护结构，吊运设备有足够的操作空间。

3.1.2 道路及地面

道路及地面主要包括原材料车辆道路、成品循环道路、车辆停放地面、成品及原材料卸料区、剩退灰处理区、车库等，道路及车辆管理应实现智能化管理，包括车辆停放管理、循环流量管理、辅助车辆的流量控制等内容。

原材料车辆在道路上的环节有：进场、清洗、计量、入库、卸料、清洗、空车计重、出场。根据场地和外部环境可设立独立原材道路或共用道路，尽量设计成循环形式，无倒车掉头的最佳。根据产能需求和机组布置，砂石料车和粉料车减少干扰，避免压车或阻塞影响效率。

骨料运输环节应实现行驶通畅，环境隔声，尾气治理，车身车轮清洗，计量方便，保证进出场的车辆清洁。主要需要的设施有：进出场清洗车身车轮设施、地磅房、隔声墙或封闭（封闭需要尾气净化或排风防尘）设施、集装箱卸料翻转机（集装箱运输为主的企业）、充换电站（电动车运输为主的企业）。设施运行工况要满足正常生产过程中的实际需要和使用频率要求。

粉料运输实现无倒车布置，地磅房、车身车轮清洗设施可与骨料车辆共用，也可单独设置，车辆吹灰区域应全部封闭，封闭空间要有隔声降噪的功能，以电动螺杆空压机吹灰为主，异常情况（停电或设备故障时）使用燃油吹灰的要有尾气净化处理或通风设施，保证密闭空间里的空气不会对作业人员造成危害。

成品运输道路要求，预拌混凝土的出厂基本是以搅拌运输车的方式运输，主要作业环节为：临时停车备勤，进入接灰区域（进入方式可选择倒车或直接驶入），停车接灰，装满离开，尾部遗灰清洗，清洗车体，清洗车轮，计重，质量检查，清洁后出厂；车辆返回进场，车辆计重，外部清洗，罐内清洗，剩余混凝土分离，清理车体，进入备勤停车。

现有混凝土搅拌站地面大多采用素混凝土，在重型运输车的碾压之下，开裂、翻浆、坑洼不平等现象难以避免。搅拌站的路面必须考虑车辆的起步、停车等碾压荷载和频次的影响。为了满足实际使用工况下使用年限要求，要进行专项承载力计算。优先使用钢筋混凝土或钢纤维混凝土地面，保证地面或道路在使用年限内的完整。在设备和设施选型时，充分考虑车辆循环的频率、刹车冲力、冬季结冰、日常清洁、雨水排放、沉积物清理、废水回收、车重、轴重等对道路的要求。提高路面的使用寿命可以减少翻新造成的浪费，是保证路面清洁的基础。

路线设计要根据实际产能计算每天车辆进出数量，各个工序需要的停留时间，计算出单位时间内车辆循环车次，推算单位时间内的最大进货数量和日进货数量。车辆在作业区循环中保证行驶顺畅，没有逆流水和相互干扰。搅拌车之间和其他原料车之间因过度干扰达不到设计产能的需要时，要采取必要的工艺措施来解决。把道路规划和总体产能规划结合起来。通过产品要求、生产规模、供应特点，合理搭配选择车辆的型号和数量比例，根据主力车型的特点确定合理转弯半径。

厂区道路及地面产生的粉尘和泥水是影响周边环境最重要的污染源，是门前三包达标的主要因素。泥水、粉尘的治理水平是搅拌站绿色生产的重要标志和考核指标。目前，既有搅拌站的治理难点也是厂区道路和地面，原料车的遗撒、混凝土罐车的遗撒、车辆的噪声是重点治理环节。路面要能抵抗车辆碾压，避免积水和泥浆对车轮的污染，干净的车辆离场是搅拌站实现绿色生产的必要条件。

3.1.3 废水废料

废水废料处理包括雨水收集、污水排放循环利用、生产性废浆废水循环利用、生活污水处理、固体沉淀物处理等内容。

道路区域要求道路平整，行车无颠簸，无大裂缝坑洼积水的隐患，有合理的排水坡度，雨水、压尘水、清洗水能快速排除干净，有合理的集灰集渣设施，排水沟箅子和路面满足车辆高强度行走，排水沟不积水，设置合理的移动冲洗设施，防止路面灰渣积累，便于沟内沉渣清理。主要车辆运行区域，设置永久性水冲洗装置，定时冲洗路面，正常生产时不能有污染车轮的现象。

混凝土卸料区域是搅拌站主要污染源之一，污染主要来自卸料时冲击跑冒、清洗搅拌机废水、清洗车辆尾部的水和固体废弃物等。该区域的排水排渣能力应进行专项计算并设置相应的设施，处理清洗搅拌机的水、跑冒落地混凝土要在车辆下面设置冲洗箅斗，便于灰渣清理分离。清洗用水要用专门管道承接排放至再生水利用处。车辆清洗放在该位置时要考虑清洗水的处理和回收，回收量应进行专门计算，保证车辆离开时车轮的清洁，设置车轮干燥系统最佳。

在棚式储料库，原料车和装载机的工作区域主要是泥水的污染，湿砂沉积水是水的主要来源。由于装载机工作频率非常高，车轮很容易将遗撒的砂石料碾压成泥。为了便于清洗清洁，该区域的地面应有足够的承载能力。砂子沉积水要有专门的排水设施，防止流到装载机工作区。收集到的沉积水要回收利用，沉积物要压滤后安全处置。

洗车区域，要求车辆离开区域时保持车轮的干净清洁，冬季路面应防止结冰，应配套完整的设备设施实现车轮不带水离场。该处的水应循环利用，设置集中的沉淀池应便于清理，沉淀物与压滤机结合，宜设置水力旋流器进行一级液固分离。该区域的清洗能力应保证车辆高峰时期运行，不能有压车现象。

砂石分离机区域主要是剩退灰分离和车辆罐体内的清洗作业，该区域要有合理的上下水设施、废水处理设施、尾部及车身的冲洗设施、车轮冲洗设施等，设施的清洗能力要满足车辆频率的要求。该区域主要产生的是生产可用废水和废浆。该部分废水应和总废水利用系统关联，同时具备机械式固液分离系统和固液混合系统，最大限度地利用废浆。清水可以返回继续作为分离剩退灰和清洗罐内的用水。废水废浆利用，基本以清洗搅拌机和清洗搅拌车罐内的水为来源，作为生产可用水来管理，设置来路和搅拌防沉降搅拌罐，具备固含量调节能力，废浆达到利用浓度后进入利用系统。分离后砂石应有回库设施，地面要求有合理的排水设施，保证车辆离开后保持清洁干燥，洗车用水应防止对车辆和道路的二次污染。

3.1.4 除尘、降噪与排放

鼓励采用整体全封闭方式，把粉尘封闭在密闭空间里，可有效减少粉尘、噪声等对周边环境的影响。新建改建的站点应采取整体全封闭的模式。不具备整体全封闭条件的既有站点也要对重点排放区域采用区域全封闭的模式。为了减少地面扬尘，搅拌站内需配置地面清扫装置、降尘装置，如场地清扫车、场地新能源雾炮车、固定式雾桩等。场地清扫车宜为电动设备（图 3-1），无尾气排放，具备干扫和湿扫两种作业模式，拥有超大吸尘过滤系统，适用于粉尘、颗粒和小型垃圾的清扫，应避免车辆行驶时引起的二次扬尘。

场地新能源雾炮车（图 3-2）可用于机动处理突发或异常情况下的扬尘，采用电力驱动，冲洗部件采用汽油发电机组驱动，电机带动水泵将水加至高压，分别输送至前喷、侧喷、枪冲、雾炮各喷嘴喷射而出，从而达到降尘冲洗的目的。

室外抑尘系统由高压泵站将水加压至高压，通过雾化喷嘴喷出，喷嘴安装在旋转装置上，能够实现上下和左右摇摆，由主机控制系统、中央泵站、高压水管和雾桩杆组成，覆盖面积大，雾滴大小合适，有报警系统、故障反馈系统、远程监控和操控系统。

图 3-1　搅拌站电动清扫设备

图 3-2　新能源雾炮车

北京冬季应采用大型清扫吸尘设备，对封闭区域、未封闭区域、厂区道路进行定期清扫，保证刮风不起尘、过车无污染。车辆清洗地点和地面道路整体规划，互不影响，同时保证行人及行车安全。

厂区的噪声来源主要是搅拌车、散装粉料输送车、装载机及搅拌站运转时机器产生的噪声（图 3-3）。除了选用噪声低的设备外，厂区的噪声隔离设施也同样重要。对于整体封闭的要保证封闭材料的隔声效果，按照职业健康的要求需降低对室内人员影响，人员采取必要的防护措施，生产操作鼓励使用远程控制的方式。骨料尽量避免装载机上料方式。区域全封闭站点存在露天的停车场和室外道路，车辆的噪声既要降低对厂区人员的影响，也要满足对厂界外的噪声排放要求，按照一类地区的要求进行管控，必要时设置隔声墙，重点区域封闭。

图 3-3　车载燃油空压机、燃油装载机是主要噪声源

车辆尾气排放应彻底治理。混凝土搅拌站的物流吞吐量非常大，基本使用化石燃料，道路移动和非道路移动设备的燃油量非常大，有效地治理尾气排放对于北京市的蓝天保卫战有积极的意义。根据北京市地方标准《预拌混凝土绿色生产管理规程》（DB11/T 642—2018）的规定，粉料上料应用电动空压机代替燃油的方式，取得了一定的进步。可以采取高位料仓或电动装载机上料替代燃油装载机，骨料运输、粉料运输、混凝土运输也应以非燃油车辆为主，现阶段搅拌站应适当配置配电站，并进行用电增容工作。在密闭空间正在使用燃油装载机的站点应进行尾气综合治理，保证无有害气体排出车间、保证室内作业人员的健康。

3.2　生产过程

预拌混凝土生产离不开设备设施，《预拌混凝土绿色生产管理规程》（DB11/T 642—2018）第六章中，对满足绿色生产的设施做了基本要求和规定。包括生产专用和辅助两部分，生产专用是指工艺必须配备的设备设施，辅助设备设施主要针对防尘、防噪声、污水方面要求比较细致。生产企业根据目标要求选用先进的和适宜的工艺和设备。

3.2.1　智能化磅房系统

混凝土砂、石、水泥、掺合料、外加剂等进厂计量，应采用信息化管理，确保材料供应连续，数量准确无误，材料进厂人工干预少，实现智能收料、过磅。系统依据现场实际要求，应配置照相机、红外光栅、红绿灯、大屏幕和语音播报系统。工作流程和工艺布置如图 3-4、图 3-5 所示，过磅车上磅后，自动车辆定位系统的红外光栅判断车辆是否完整上磅，输入过磅信息，包括车牌号、物资等信息生成第一次称重记录，同时启动拍照摄像机抓拍称重图片，并具备自动上传云服务器数据库存储功能；入厂车辆装 / 卸货；出厂车辆自动上磅。

车辆自动定位系统：由两对红外光栅构成，红外光栅安装在磅体两端，用来控制车辆上磅位置，一旦红外光栅被遮挡，则认为车辆没有停靠在指定区域，系统将拒绝进行下一步称重操作，工作流程暂停，从而杜绝车辆过磅中的拖尾或冒头压边情况发生，如图 3-6 所示。

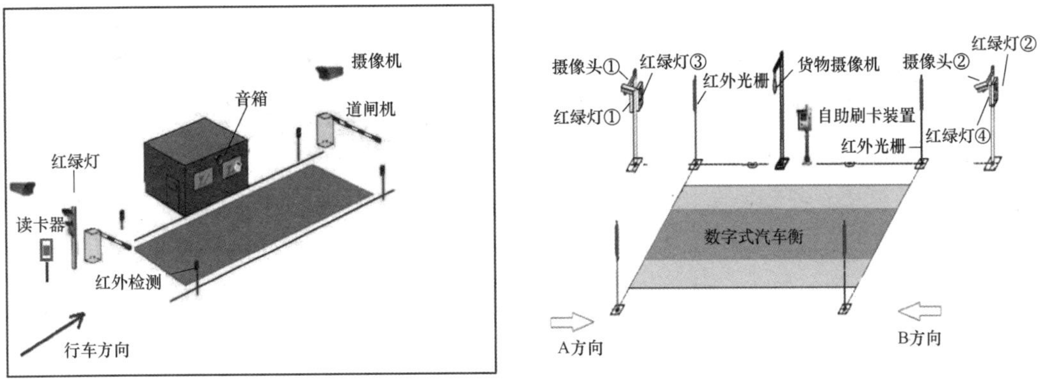

图 3-4 智能过磅系统流程

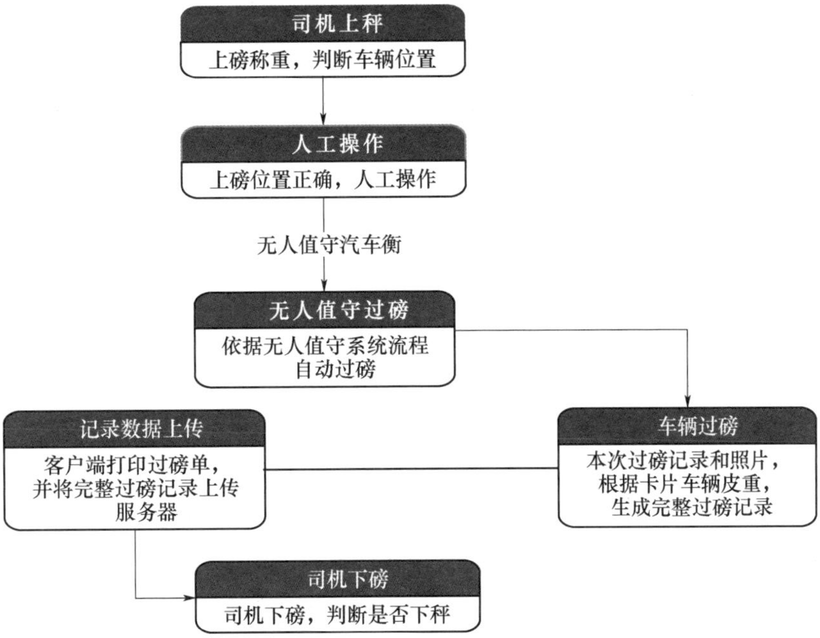

图 3-5 无人值守磅房系统

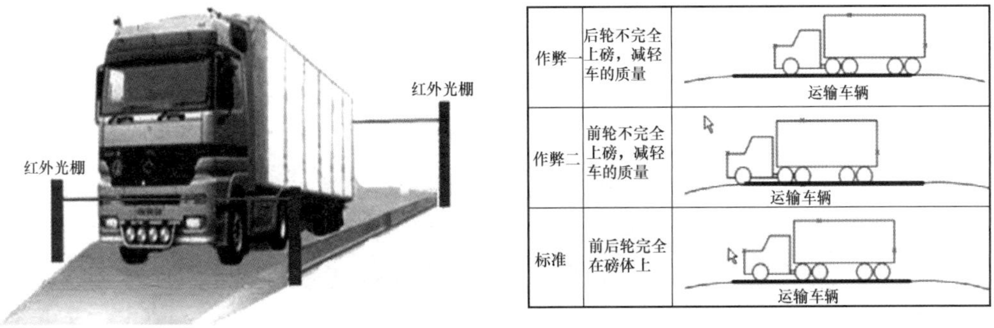

图 3-6 车辆自动定位系统

自动过磅系统：当车辆过磅信息核对正确、停放位置正确、系统判定质量数据稳定后，自动读取称重结果，生成称重记录上传。

语音播报系统：由语音系统、大屏幕配合称重仪表，一起构成语音播报系统。当自动称重完毕，语音提示司机上下磅，大屏幕显示车辆信息和称重信息。

图像抓拍系统：控制拍照相机，抓拍车辆过磅照片，与称重记录整合在一起。通过仪表控制拍照相机，并将视频信号传输至摄像头扩展盒，通过软件查询拍照信息，并在系统保存质量记录的同时截取图片，用户可以在查询记录的同时观看这些记录对应的图片资料。

3.2.2 骨料系统

1. 骨料仓基本要求

骨料堆场一般分两种：地面堆场和立体料库堆场（简称“立体料库”）。骨料堆场的容量一般没有具体的定量要求，这和骨料供应的及时性和堆场的大小有关。原则上，骨料储存满足搅拌站两天的生产用量；在骨料供应不及时的情况下，至少要有能够储存搅拌站一周的生产用量容量。

现有搅拌站通常采用地面堆场。地面堆场投资小、见效快，但占地大、环保差、骨料转运成本高。地面堆场的地面需硬化，宜设 1% 的坡度用于排出骨料中的水分，并在料场适当位置设排水沟及中间储水池。地面构筑挡墙分格，挡墙需要有足够的强度，挡墙高度超过 3m 时，宜设墙垛，封装大棚的立柱可生根在墙垛上。堆料高度一般不超过 5m，料场封装高度约 12m，要求料场侧面与顶面全封装，顶面加部分透明瓦，封装应做水槽，并做雨水管，将雨水引入蓄水池用于生产或绿化。封装材料和封闭区域应满足《预拌混凝土绿色生产管理规程》（DB11/T 642—2018）的要求。

立体料库堆场具有占地小、清洁环保、骨料转运成本低等优势。可实现皮带机自动上料，取消燃油装载机，减少搅拌站区域尾气排放，工人劳动强度降低，高位方式储存量大，可降低砂石储存的占地面积，全封闭式储存可减少粉尘排放，如图 3-7、图 3-8 所示。这对预拌混凝土的绿色生产具有非常积极的意义，节能环保型搅拌站多采用立体料库堆场。

图 3-7　砂石立体料库正面

图 3-8　砂石立体料库侧面

立体料库可分为单仓立体料库和双仓立体料库两种。单仓立体料库就是只包含一个生产料仓的立体料库。生产料仓具备储存和配料功能，料仓的底部下料斗下面，均设计有计量斗系统，经过计量后的砂石，通过皮带机直接输送到搅拌站主楼的砂石暂存斗里待用。双仓立体料库是由两种功能料仓组成的立体料库，即生产料仓＋储存料仓。生产料仓功能同单仓立体料库的生产料仓，储存料仓只具备骨料储存功能而无配料计量功能，储存料仓底部设计有下料斗，储存料仓的砂石，可根据生产需要，随时通过下料斗→皮带输送系统转移到生产料仓，补充生产料仓库存。这个转送过程可根据生产料仓的库存情况自动完成。

一般来说，对 2.5 万吨以下容量的且为狭长矩形底面的立体料库，适合采用单仓立体料库。图 3-9 总容量为 2.2 万吨，底面 25m×100m，属于单仓立体料库。而对大于 2.5 万吨容量的且底面为方形的立体料库，适合采用双仓立体料库。图 3-10 为某搅拌站的立体料库设计图，即属于双仓立体料库，总容量 7 万吨左右，生产料仓 18.3m×71.1m，储存料仓 71.1m×113m。

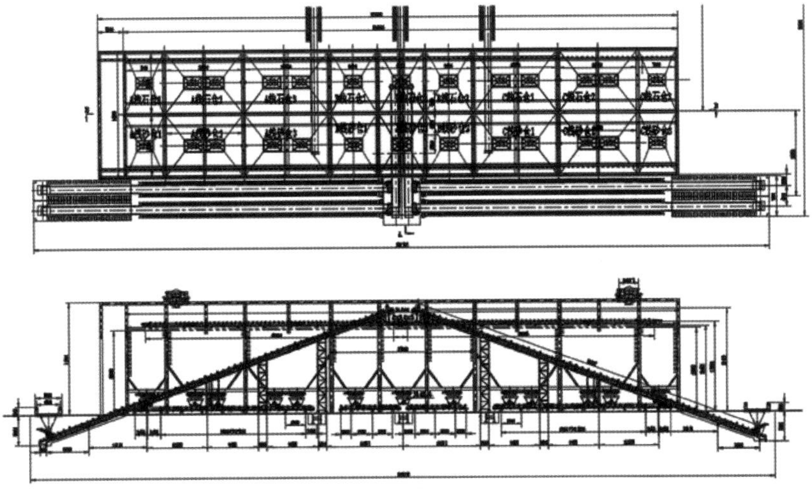

图 3-9　单仓立体料库平、立面

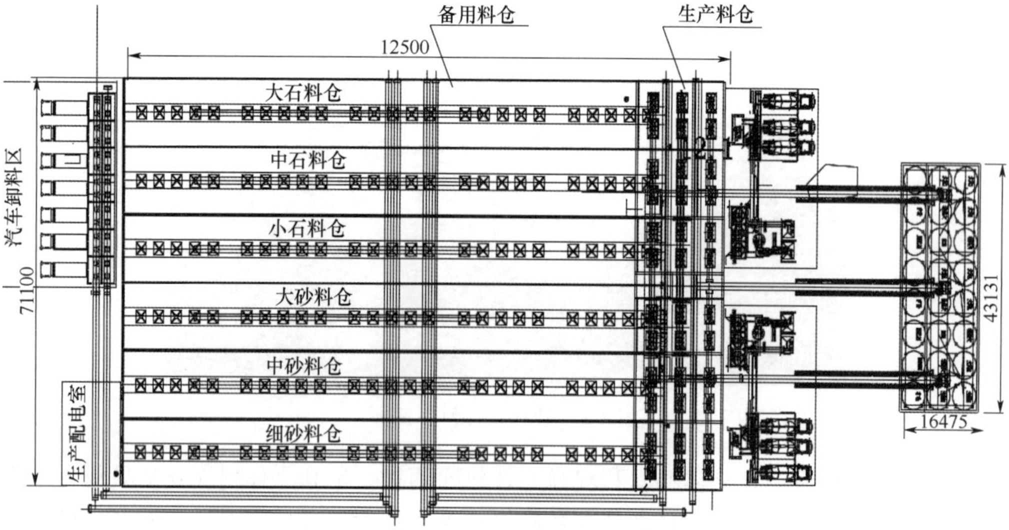

图 3-10　双料仓立体料库平面

自动立体料库的常见结构形式有两种：一种是多个圆形钢板仓形式；另一种是矩形混凝土结构形式。前者成本低、投资少，后者耐久性更好。

骨料存储库的配置需满足多品种固体废弃物的综合利用，根据砂石骨料、尾矿、废石、再生骨料等品种需求，兼顾不同品种的粗骨料、细骨料、单粒级骨料等规格需求，混凝土供应过程中的数量需求，储存期的需求等参数设定骨料仓的数量和规格，骨料仓配套设施还要满足不同细度、不同含水率、不同容重的材料储存及下料要求。按照实际需求配置必要的加热制冷设备，满足不同季节条件下的生产要求和混凝土性能要求，鼓励使用再生能源在此环节中的应用。骨料品种按照 8 ～ 10 种的规格设置，每种骨料的储仓容量宜按常用配方的比例进行分仓。另外，还要考虑骨料的供应情况，供应及时的可适当少些，供应不及时的可适当多些。但最低一般不低于满负荷生产 24h 的用量，同时具备轻骨料的存储能力。

2. 骨料卸料、入库、出仓

棚式储存库的堆料卸料，北方地区一般为汽车运输，通用的为自卸车直卸。该种方式又分为低位从前到后直卸方式和高位从后到前直卸方式。低位方式卸料一般采用“自卸车直卸方式 + 装载机堆料和自卸车 + 皮带组合卸料”方式，缺点是堆料不高，燃油装载机会有尾气排放，不利于环保。对于非道路移动机械，需要按照国家相关规定管理，料棚内还需要设置排气设施，保证作业人员的工作环境。高位方式卸料需要修筑通向料场后端的高位斜坡道路，需要更大的场地，这种方式能够实现更高的堆料高度，更适合场地非常大的料棚，在搅拌站一般很少采用。

立体料库一般是自动化程度更高的卸料方式。其卸料流程是：自卸车→接料斗→一级上料皮带→二级上料皮带→分料皮带→分格料仓。如果场地有限，不方便皮带机布置，也可以改为“自卸车 + 皮带 + 斗式提升机组合卸料”方式，卸料流程是：自卸车→接料斗

→中转皮带→斗式提升机→分料皮带→分格料仓。皮带机或斗式提升机的输送量一般在500～800t/h。为满足物料平衡，原则上最低的输送量不得低于生产消耗量。北京市地方标准《预拌混凝土绿色生产管理规程》（DB11/T 642—2018）推荐使用集装箱运输，集装箱运输车有自卸式和非自卸式两种，站点应考虑增设集装箱翻转机配套非自卸式集装箱的卸料作业，提高工效，集中收尘。使用立体库储料可避免使用燃油装载机，减少尾气排放，有利于区域的环保。

传统骨料配料仓一般按照“三石二砂”（大石、小石、细石、粗砂、细砂）5个配料机构。对于绿色搅拌站来说，应按照前面设定的多种材料分别设置配料计量机构，每台搅拌机不应少于8个配料机构。骨料进入骨料配料仓的方式应逐步减少燃油装载机使用，选择非燃油装载机、皮带机、斗式提升机、起重抓斗机或几种组合的方式，适应不同场地、不同上料量、不同品种的要求。

棚式储存的骨料从堆场到配料机构一般都是采用装载机方式，如果配料机的骨料仓设计得足够大，也可采用装载机上料和皮带机上料的独立双上料方式。立体料库中，砂石从备用料仓到生产料仓，一般都是通过皮带接力转运方式，而且是和进入备用料仓的上料系统共用的，进入备用料仓的上料系统，可以优先进入生产料仓，通过智能精准控制，可以通过起重抓斗机将物料精准快速地从备用料仓转到生产料仓，这种方式非常适合场地小、库区深大的工况。

立体库通过库底出料到配料机构有以下两种形式。储仓出料一般为钢制下料斗＋气动斗门。为了解决细骨料流动性，也有采用“钢制下料斗＋斗口喂料皮带”方式，这种方式斗口大，适合细骨料的下料。为减少料库的死料区，每个料库下方应设置多个下料斗。当砂含泥量大、含水率高、细度小时砂仓容易成拱，会影响整体生产效率，立体料库砂料的库底防止成拱、保证下料的畅通是关键（图3-11）。

图3-11 砂斗搅动装置

骨料配料机构上方和计量区域，应有降尘收尘设施，收尘风量应满足快速收尘的效果。随着北京市绿色骨料生产基地的推广，机制砂石的应用也越来越广泛，对于含水率较低、容易起尘的骨料要有必要的防治措施。湿法生产的砂石要有沉积水处理设施，棚式储存和立体库都要有专门的配置，对收集到的粉尘和浆水要有再处理的设施。整体料棚内用装载机存在较大噪声的，应进行封闭隔声处理，封闭空间的尾气要有排放口，保证室内空气满足职业健康卫生的要求。

3. 骨料配料、计量

骨料储料仓是储存砂石料的仓体，和骨料计量部分连成一体后，通常称为配料站。配料站起到储存砂石料和称量砂石料的作用。上部仓体可由混凝土浇筑而成，也可整体做成钢结构，常以地仓式配料站和钢结构配料站进行区分。

（1）地仓式配料站，如图 3-12 所示，上部混凝土储料仓和料斗等构成骨料储料仓。筛网用来筛除骨料中不符合要求的粗骨料，保证设备的正常运转。开关储料斗门可对计量斗配料，储料斗门为弧形门，通过调节斗门与料斗的间隙，能够有效防止料门卡料。压缩气体通过电磁阀到达执行元件气缸活塞两端，使气缸活塞杆动作，从而驱动斗门的开关，实现对各种骨料的配给。因砂料有较大的黏性，在配砂料时，斗门打开，振动器延时振动，使砂顺畅下料。

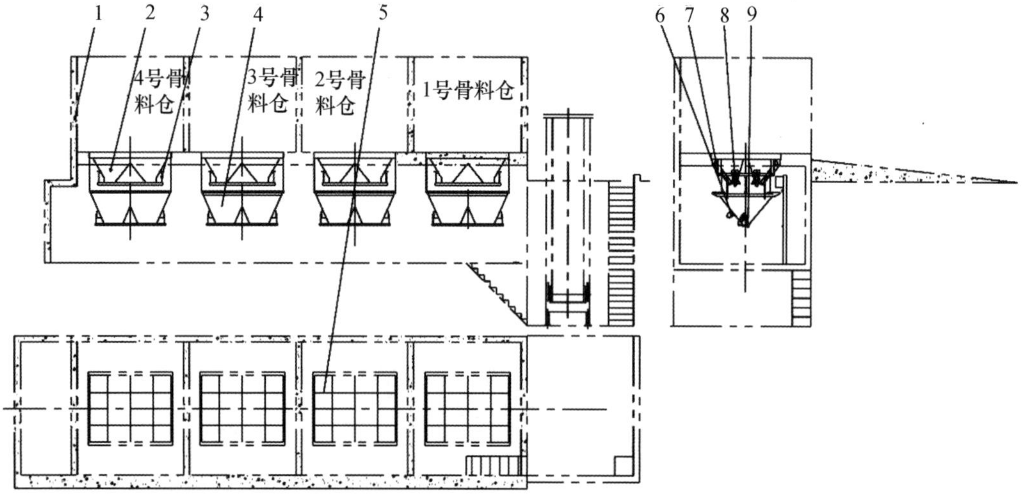

图 3-12　地仓式配料站

1—混凝土储料仓；2—料斗；3—拉式传感器；4—计量斗；5—筛网；6—振动器；7—气缸；8—储料斗门；9—计量斗

（2）钢结构配料站，如图 3-13、图 3-14 所示，由前板、后板、隔板、侧板和储料斗等构成钢结构配料站的骨料储料仓。

仓下部设置筛网，避免大石头进入称量斗中。每一个仓下面对应一个称量斗，采用独立的秤，保证了称量的精确性。该种结构具有上料方便、下料顺畅、结构紧凑、安装快捷、运输方便的特点。对于以利废为责任的绿色混凝土搅拌站，需要 8 ～ 10 个仓才能满足尾矿、废石、再生骨料的利用要求。

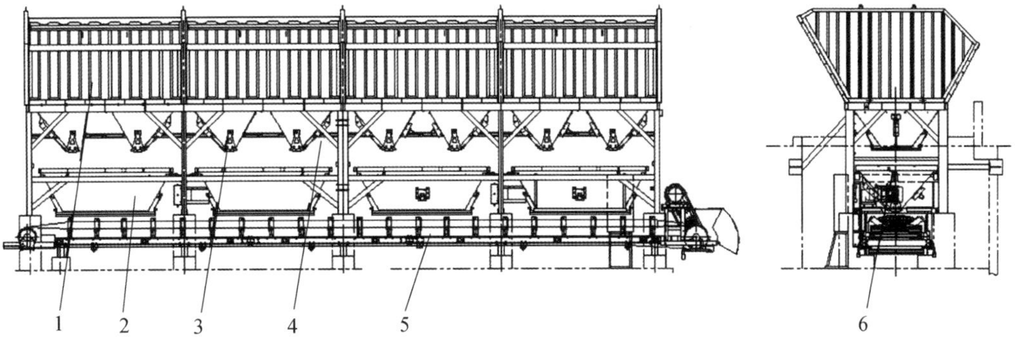

图 3-13 钢结构配料站示例 1

1—配料仓；2—计量斗；3—斗门；4—气缸；5—水平皮带输送机；6—称重传感器

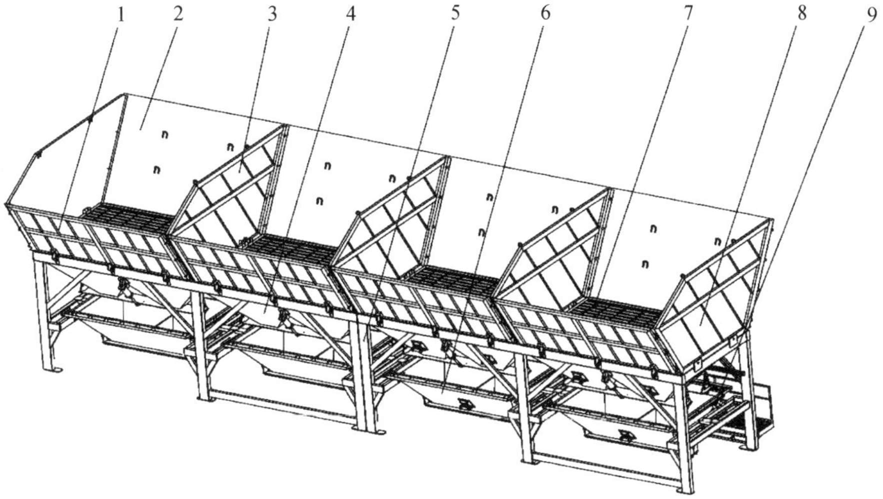

图 3-14 钢结构配料站示例 2

1—前板；2—后板；3—隔板；4—储料斗；5—支架；6—骨料计量斗；
7—筛网；8—侧板；9—压式传感器

骨料的计量方式分为两种：累计计量和独立计量。骨料的累计计量也称为皮带秤，如图 3-15 所示，它由斗体、传感器、皮带输送机等组成，斗体与皮带输送机连成一体，当所有的骨料计量完毕后，皮带机才启动运转，将所有骨料送入提升装置（提升斗、斜皮带机）。骨料的单独计量由计量斗斗体、斗门、传感器、气缸等组成。计量开始前斗门关闭，当骨料的质量值达到某个设定值时，关闭骨料仓其中一个斗门，进行骨料的精计量。当骨料质量达到设定的称量值时，斗门全部关闭，完成称量过程。当计量斗气缸得到开门信号后，活塞杆动作，斗门打开，开始卸料。

为保证物料计量精度，采用粗、精称搭配计量，根据需求对各物料的使用量进行自由设置，实现快速精准计量。粗称计量特点为计量速度快、精度略差，而精称计量的特点为计量速度慢、精度高，粗、精计量控制方式可以达到快速、精准计量的目的。出现偏差时控制系统会根据设置进行自动扣秤，做到精准扣秤。生产时进行细设定，包括确定精称计量的时间点、落差、进料时的物料落差值、物料设定、设置计量配置、扣秤系数、扣秤百分比、提前量、扣秤时的落差值等。

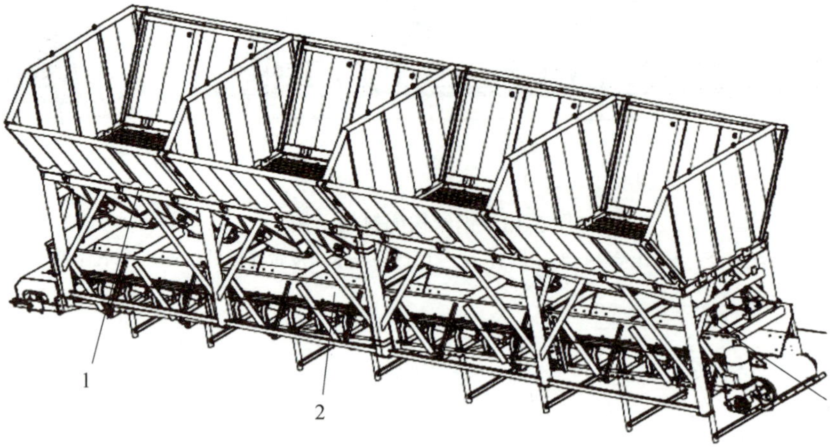

图 3-15　骨料累计计量（皮带秤）

1—斗体；2—水平皮带输送机；3—称重传感器

4. 降尘与排水

棚式储存的砂石料场面积都比较大，一般在 2000 ～ 10000m^2。室内有原料车卸料工序、装载机上料工序，工作非常繁忙，有大量的燃油尾气、泥水和粉尘产生，需要专门的处置设施。除尘或抑尘措施主要是料场全封闭，如图 3-16 所示，防止粉尘进入大气环境。同时配置高压喷雾抑尘系统，如图 3-17 所示。喷雾装置的喷头布置间距要合适，一般双向间距控制在 2m×3m，要确保压力大、雾化程度高、省水、节能，确保地面不湿。配备智能监控系统，通过粉尘感应来设定喷雾启动要求。料场高压喷雾系统参考技术参数，如表 3-1 所示。

图 3-16　砂石料场全封闭

图 3-17　料场高压喷雾抑尘效果

表 3-1 料场高压喷雾系统参考技术参数

序号	名称	规格	参数
1	压力	bar	70
2	流量	min/L	30
3	功率	kW	4
4	转速	r/min	1450
5	电源	V	380
8	有效面积	m^2	3000
9	水雾颗粒尺寸	μm	5 ～ 20
10	压力感应		有
11	粉尘感应		有

立体料库是通过卡车卸料→投料皮带机→布料皮带机来实现布料的。在卡车卸料点，瞬间灰尘比较大，必须有一个密闭的小的卸车空间，还要配置大面积主动式脉冲反吹除尘器。为达到除尘效果，除尘器的面积至少在 200m^2 以上，风机功率 18.5kW，风机排量 5000m^3/h 以上。图 3-18 为搅拌站立体料库砂石车卸料点除尘设计。

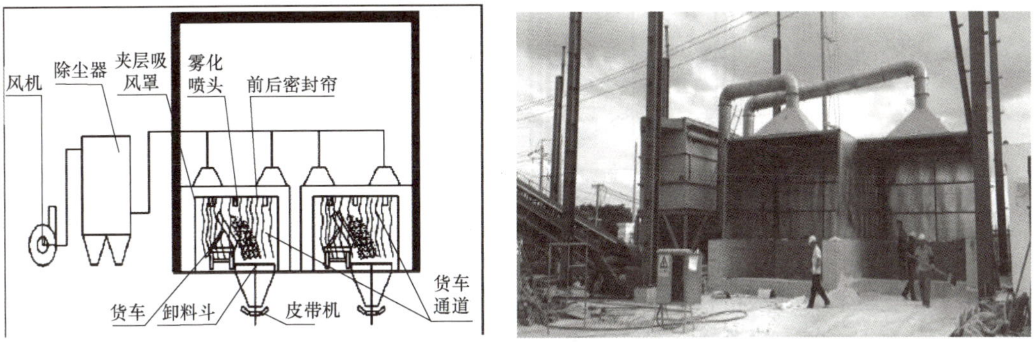

图 3-18 立体料库直卸、侧卸点收尘示意

砂石全封闭料棚或立体料库排水主要排除湿砂中的水分，立体库砂排水应避免排到平皮带机上，须在库底和下料斗设计排水槽和导水槽，将水排到地面，通过地面排水沟渠收集回用。平皮带机要设计 3° ～ 5° 的少许前高后低的倾角，剩余的少许水可通过该倾角排到地面，避免皮带上积水。棚式储存的砂排水需要设置地面的坡度，通过管沟将排出的泥水引流到水收集系统再利用。

3.2.3 粉料系统

1. 料仓设施要求

混凝土生产所需要粉料主要包括水泥和掺合料，由于粉末状物料容易扬尘、受潮结块，需要对粉料进行密封保存。一般采用筒仓（图 3-19）方式，筒仓数量及大小根据品种需要设置，品种包括水泥、掺合料（粉煤灰、矿粉、沸石粉和硅灰）、膨胀剂及其他干式粉状添加剂等。筒仓的截面以圆形为主，这种形状受力状况最好，有效容积也最大。按容积的不同分别有不同规格的粉料仓，如 50 吨、100 吨、200 吨、250 吨、300 吨等，可满足不同情况的使用需要。

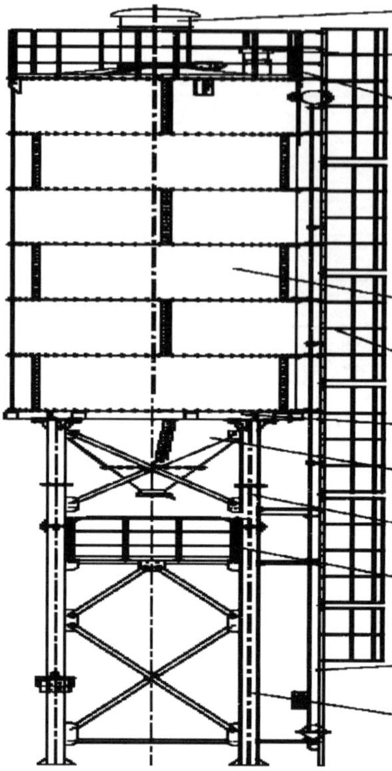

图 3-19　粉料筒仓结构示意图

粉料从运输车辆进入粉料仓一般采用气力输送方式。以前的粉料输送采用柴油驱动车载空压机产生的压缩空气输送。输送过程中噪声大、能耗高，容易出现爆仓、爆管、爆除尘装置等事故。粉料仓要有防止这些事故的设施及工艺。

为了防止粉料上料、下料过程中出现污染事故，粉料仓需要设置相关的设施，这些设施能够有效探测粉料仓内粉料储存量，包括料位指示器、压力传感器、高位报警系统等。常见的料位器有极限式料位器、连续式料位器、称重式料位器。极限式料位器有电容式、音叉式及阻旋式；连续式料位器有重锤式、超声波式、射频电容式等。一般采用阻旋式料位指示器（图 3-20），设高低料位指示。高位报警，表示粉料罐中的物料已快装满，应停止往罐内输送物料；低位报警，表示粉料仓中的物料已快用完，应准备往罐内重新输送物料。这是防止冒顶的关键设备，在北京市地方标准《预拌混凝土绿色生产管理规程》（DB11/T 642—2018）中对此有严格的规定。

料仓应设置除尘装置，除尘设施有振动式及脉冲反吹式两种，其主要作用是在散装水泥车向粉料仓内输送散装物料时，仓内压缩空气可通过收尘机排到大气中，能阻止压缩空气中夹杂的粉尘直接排出，起到保护环境的作用。每次输送物料前和输送物料结束后，必须开动收尘机振动器振落收尘机滤芯上的粉尘，保证罐内外气流的顺畅。应优选 22m^2 以上的布袋除尘器，提高除尘器的处理能力，要避免布袋破损引发扬尘问题。设置压力传感器、粉尘浓度传感器和报警器，在仓内压力超高时发出报警信号。

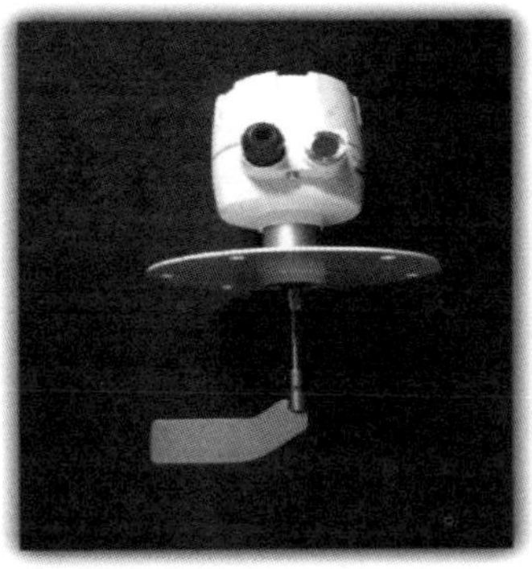

图 3-20　阻旋式料位指示器

除尘器的振动电动机仅可进行间歇性工作，称为振动式除尘。当需要除尘器清灰时，按下开启按钮振动约 1min 关闭，依实际情况间隔 3 ～ 5min 重复 1 ～ 2 次。一般情况下，除尘器在粉料输送车将粉料泵送结束后开启振动电动机清灰，每次振动清灰的时间不超过 1min。在使用气力输送系统往粉仓内泵送粉料过程中，不得开启振动电动机进行清灰。振动除尘成本低，收尘效果差，宜用于工程站或偏远区域。

脉冲反吹除尘器由壳体、风机、滤袋装置和脉冲清灰系统等部分组成，当含尘烟气由进风口进入再穿过滤袋时，粉尘被捕集在滤袋的外表面，净化后的气流进入滤袋室上部的清洁室，通过排风机排出机外，或直接排出机外，达到除尘目的。脉冲控制仪控制电磁阀打开，极短的时间内（0.1 ～ 0.3s）向第一排滤袋喷入 0.4 ～ 0.6MPa 的压缩空气，使滤袋产生变形，振动再加上逆气流的作用，滤袋外部的粉尘被清除下来。第一排滤袋清完后、清第二排……直到清完最后一排，然后回到第一排，依次循环。脉冲除尘成本较高，但除尘效果好，目前广泛用于搅拌站。

料仓防打爆系统，如图 3-21 所示。料仓打爆主要有两个原因：一个是料仓打满，导致料仓被打爆。防止料仓打满可安装连续式料位器来解决，连续式料位器在打料过程中可以实时监测到物位情况，当料高达到一定值时主动报警并关闭进料阀门，起到安全保护作用。另一个是因除尘等排气口堵住造成仓内压力过大将仓顶打爆。可采用安装带压力监测的安全阀（图 3-22）来解决，该安全阀带两挡压力监测挡位。如果仓顶收尘机因堵塞而排气不顺畅，导致粉料罐内气压升高，当压力升高到一定值后，安全阀开启卸压，安全阀自动输出一个报警信号并关闭进料阀门，从而起到保护粉料罐的作用。

为方便除尘设施的检查使用，除尘器设在仓顶的罐体应有走梯和吊装设施。除尘排气设在地面的应有粉尘回送装置，把收集的废料自动吹回特定的粉料罐。

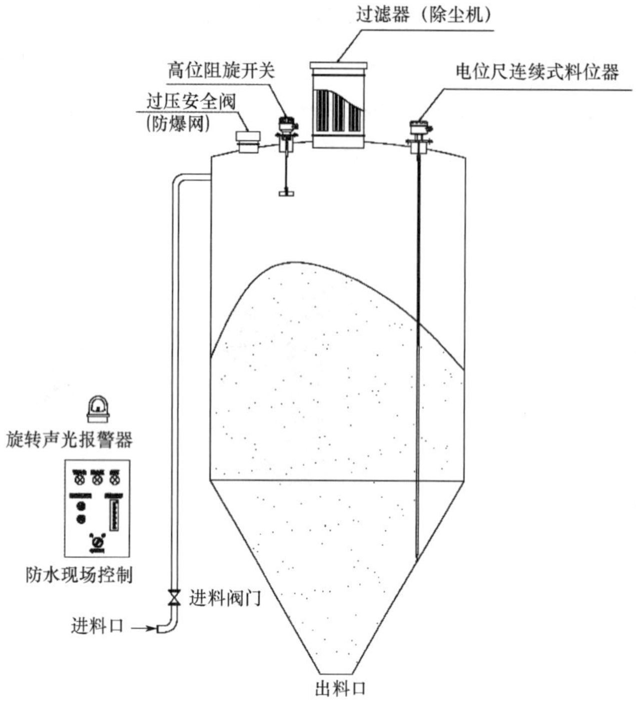

图 3-21　料仓防打爆系统

图 3-22　压力安全阀

粉料仓应设置破拱系统，保证粉料顺利下料，避免处理粉料成拱时产生的粉尘污染现象。粉料仓中粉料的流动性与物料种类、温度和贮存时间长短有关，有时进场水泥温度较高，经气体输送后较为疏松，其容量 e 值为 0.8 ～ 1.0 吨 /m^3，很容易流动。在积压一段时间后其容重 e 值可达 1.6 吨 /m^3，有时甚至更高。这种存放时间较长的水泥流动性较差，在卸料时常常产生起拱现象。为保证粉料仓内物料下料的顺畅性，锥体部位需装有破拱装置，如助流气垫（图 3-23）、气嘴、振动器等，避免料仓堵塞而产生粉尘污染。它可以破坏粉料拱桥，使卸料通畅。破拱装置有气吹破拱、锤击破拱和助流气垫破拱等方式。气吹破拱即在仓体锥部离出料口一定高度处设 3 ～ 6 个吹气孔进行气吹破拱，气吹破拱因接触面有限，有时效果不明显，同时因压缩空气中含水，气嘴容易阻塞。锤击破拱是利用气锤锤击仓体来实现破拱，锤击过程中噪声较大，对仓体壁有破坏。助流气垫破拱是利用气垫气流的推力作用推动起拱物料，起到破拱的作用。

图 3-23　助流气垫

2. 粉料上料

粉料上料系统工作流程大致为：运输车入场→物料识别、称重→指定仓位确认→输送管路连接→输送系统开始工作。过程中要对输送压力及料位实时监测，输送异常时停机、排除故障；输送正常时工作完成，断开输送管路连接，运输车过磅离场。

粉料的上料方式一般都采用气力输送的方式。将压缩空气经管道送入密封罐体下部的气室，使气室流态化床上的粉料悬浮成流态状；当罐内压力达到额定值时，打开卸料阀，流态化物料通过管道流动而进行输送。车用管道和料仓管道的连接应采用机械式连接方式，须避免吹灰过程中出现脱离现象。散装粉料车为多仓结构，分为卧式和立式结构。立式结构半挂车剩灰率更低，甚至实现零剩灰。压缩空气的来源分为传统车载摆式空压机和电动螺杆式空压机，两者对环保的影响如下。

（1）传统方式

利用散装粉料车自带柴油机驱动摆式空气压缩机产生的压缩空气进行输送，存在噪声大、能耗高、有燃油尾气排放、易冒仓爆仓等隐患。

工作时噪声高达100dB（图3-24），对环境和工作人员影响较大。噪声污染对人员感觉影响如表3-2所示。

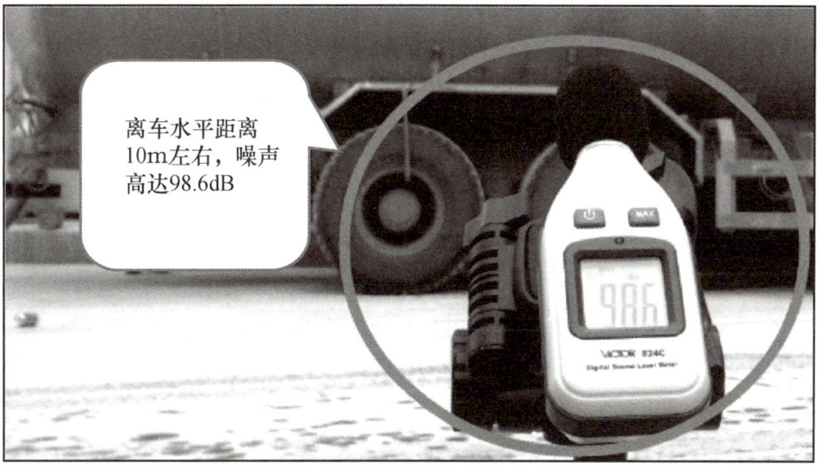

图3-24 车载空压机噪声值

表3-2 噪声污染对人体影响

分贝数	人员感觉
40～60dB	一般，普通室内谈话
60～70dB	吵闹，有损神经
70～90dB	很吵，神经受到损坏
90～100dB	吵闹加剧，听力受损
100～120dB	难以忍受，待一分钟即暂时致聋

粉料上料过程基本是人工控制，料位指示、高位报警和超压报警不能和车载吹灰系统联动，出现异常时不能快速停车，容易造成跑灰冒顶的粉尘事故。

车载上料时能耗高、燃油尾气排放量大。当输送50吨粉料时，柴油机的耗油量为10～11L，燃油产生的尾气直接排放到搅拌站区域，会对环境造成不利影响。

（2）电动螺杆式空压机上料方式

由搅拌站自建的以电动螺杆空压机为主机的空压站提供压缩空气，可有效降低噪声、减少能耗和尾气排放、减少粉尘事故。可降低输送成本，电动输送系统输送50吨粉料的耗电量约30kW·h，比传统燃油方式节省输送成本60%以上。

按照《预拌混凝土绿色生产管理规程》要求，粉料上料应使用电动螺杆空压机产生的空气源。空压站使用低噪声电动螺杆式空压机，应有完整的工艺系统和控制系统，采用硬管连接，有储气罐且在封闭隔声的空间内，上料口处有压力表；采用锁扣密闭联结方式，空压机电源或空气源阀门与高位报警系统和压力传感器联动，达到设定料位或超压时自动停止吹灰，从而有效避免粉尘事故。

市场上有很多成套设备和技术可以选用。智能低压粉料输送系统（图3-25）是专为搅拌站设计的气力输送粉料系统，用电力驱动替代柴油驱动低压螺杆空压机产生压缩空气，经由储气罐储存缓冲压缩气体，通过冷干机去除压缩气体中的水蒸气，经过调压和干燥的压缩空气通过气力输送管道接入粉料运输车辆的外接气源接口，将粉料输送至粉料储仓。系统将实时监测仓体数据，作业安全可控、环保降噪、高效节能，解决了卸料时噪声大、油耗高、水泥受潮板结、仓顶冒灰，甚至爆仓等一系列问题，同时减少了50%输送时间。

图3-25　低压粉料输送系统设备组成

粉料输送系统基本组成为空压机、截止阀、安全阀、输送管路。工作基本原理：低压大排量空压机输出的压缩空气，粉料通过压缩空气形成流态化来实现输送转移，通过输送管路将粉料“吹送”至粉料筒仓。完成输送任务的压缩空气，通过筒仓除尘器的过滤排入大气。鉴于粉料输送的工况需求，工作气压力一般在0.3MPa左右，最大不超过0.4MPa。空压机的数量和排量根据混凝土搅拌机组的粉料需求量来确定。一般来说，两台12m^3排量的空压机配置，可满足 3 台粉料车同时上料，不低于车载空压机的上料效率。空压机粉料输送流程示意如图 3-26 所示。

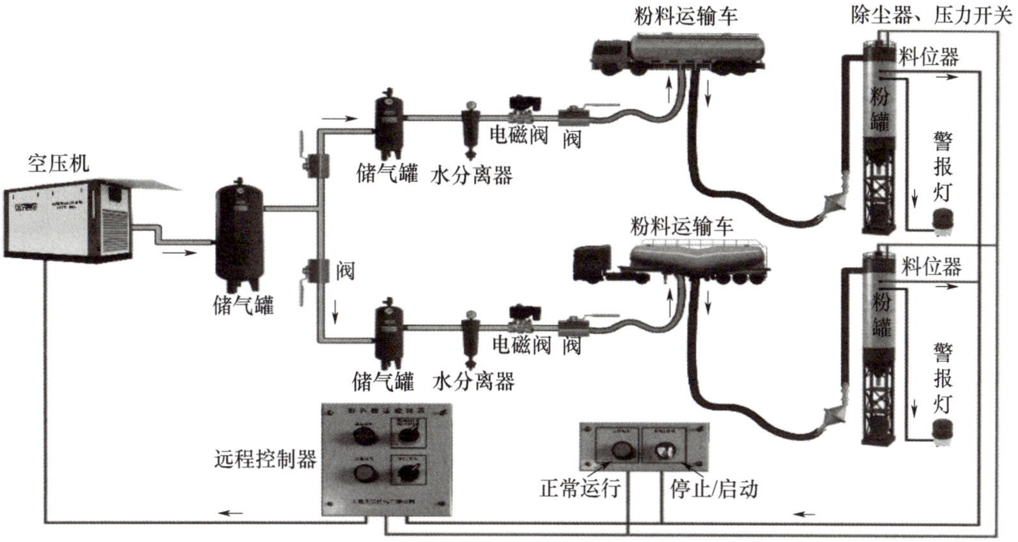

图 3-26　粉料输送过程示意

（3）传统方式与智能系统对比

传统方式与智能系统对比情况，如表 3-3 所示。

表 3-3　螺杆式送灰系统（传统系统）与摆式空压机系统（智能系统）效果对比

项　　目	摆式空压机	螺杆式空压机	结果
噪声	100dB 左右	小于 70dB 空压机封闭房间外更小	螺杆式方案噪声更低
粉尘事故防治	不能和筒仓传感器联动	可与筒仓传感器联动	出现报警可立即停机
费用	1.1 ～ 1.5 元 / 吨	0.3 ～ 0.5 元 / 吨	节省输送成本
输送时间（50 吨粉料）	60min	40min	效率提高
压缩气体湿度	湿空气进入筒仓	输出干燥压缩空气	提高收尘系统寿命，防止各报警系统阻塞
压缩气体温度	120℃以上	比环境提高 10℃左右	有利于粉料降温和筒仓相关设施的运行
系统压力	压力不恒定	筒仓内压力恒定可控	确保搅拌站安全作业和超压爆仓

3. 粉料计量

水泥和掺合料的计量容易产生粉尘，一般要求计量在密闭容器内进行。称量系统由计量斗、支架、称重传感器、气动卸料蝶阀、胶管、气动球形振动器、进料口、排气管等组成（图 3-27）。计量斗兼具称量和骨料待料作用，为了保证下料速度，粉料计量斗斗体斜度较大。为确保计量的准确性，计量斗同其他部件的连接必须采用软连接。计量过程一般按照下面顺序进行：计量开始时螺旋输送机（或空气溜槽）得到信号，开始启动，输送粉料到计量斗，计量斗一部分空气和粉尘通过排气管到达收尘装置。当粉料的质量达到预先设定的质量值时停止输送粉料，完成计量。称斗气动卸料蝶阀得到卸料的指令后开闸卸料。与此同时，气动球形振动器开始振动，加快卸料速度。称空（传感器测得的信号为 0）后气动卸料蝶阀延时动作，关闭卸料口，停止振动。收尘装置的能力应满足计量斗空气的进出要求，排出的空气满足标准要求，残灰自动返回到搅拌机中。

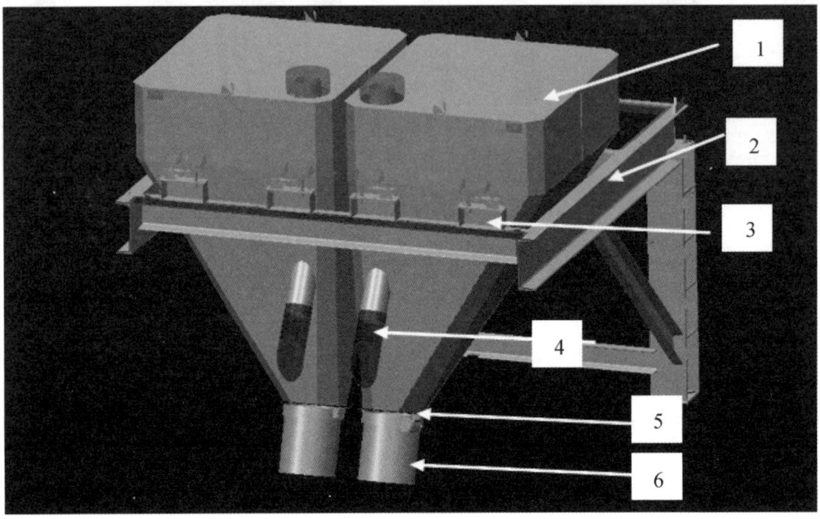

图 3-27　粉料计量

1—斗体；2—支架；3—称重传感器；4—排气管；5—气动卸料蝶阀；6—胶管

4. 水和外加剂

粉状外加剂储存采用筒仓储存，与储存水泥的粉料仓结构相同，一般有 50 吨、100 吨两种。液体外加剂储存设备材质一般有铁质材料、PE 材料、玻璃钢材料等。北方天气寒冷的地方选用铁质材料较普遍，易于加热与保温；南方一般选用 PE 材料。铁质材料罐体为圆柱形，由罐体、液位显示管、卸污阀、外加剂泵、爬梯、检修口及自循环管道等构成，如图 3-28 所示，液位显示管用来显示罐内外加剂的位置，在往外加剂罐内加料时，可防止外加剂溢出；当液位很低时，可以提醒用户及时往罐内加料。因外加剂容易沉淀，时间久了容易在罐底积成“淤泥”，罐体应设置自循环装置，保证液状外加剂的成分均匀，防止沉淀，减少“淤泥”的产生。已经产生的“淤泥”通过卸污阀排出，排放过程有防止遗撒的设施，排出的污物应交还给生产厂商回收。

液体外加剂储罐可通过上料泵实现动态循环防沉淀。上料时通过外加剂泵输送，泵出的一部分外加剂送到外加剂计量斗进行计量，另一部分又送回罐内，因泵出的外加剂有一定的压力，在罐内形成冲击，促使外加剂处于一种动态工况，从而避免了外加剂的沉淀，保证了外加剂的匀质性。

铁质外加剂储罐可以配置顶置的搅拌装置（图 3-29）或在罐底配置气吹装置，用来防止沉淀及结晶。

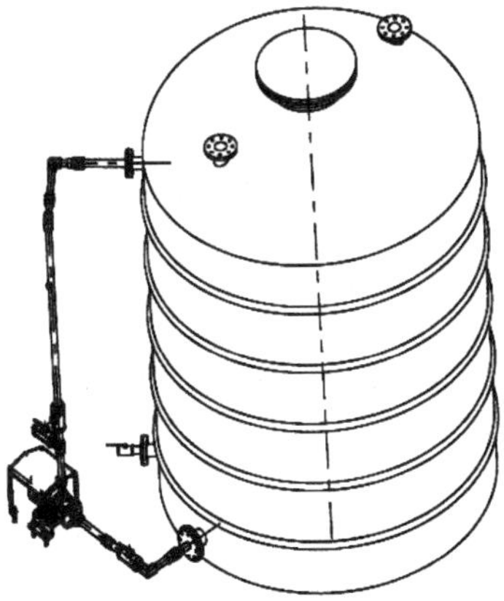

图 3-28 普通外加剂储罐

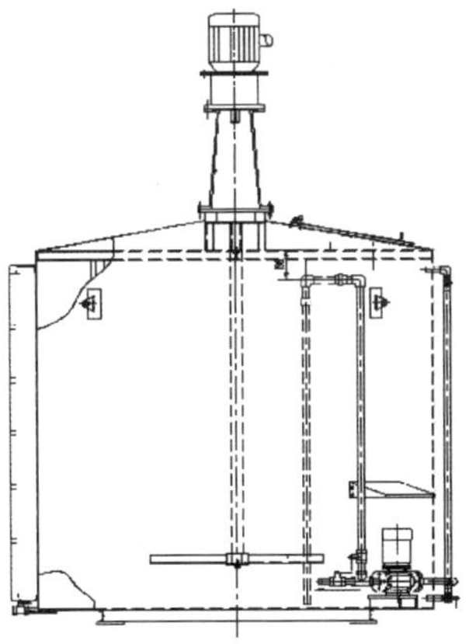

图 3-29 带搅拌铁质外加剂储罐

铁质外加剂储罐不具备防腐能力，易与酸性外加剂产生化学反应。PE 外加剂储罐的主要材质为聚乙烯，具有较好的防腐能力，结构原理与铁质外加剂储罐相似，罐体为圆柱形，它由罐体、卸污阀、外加剂泵、检修口及自循环管道（液位显示管、回流管、出料管）等构成，如图 3-30 所示。

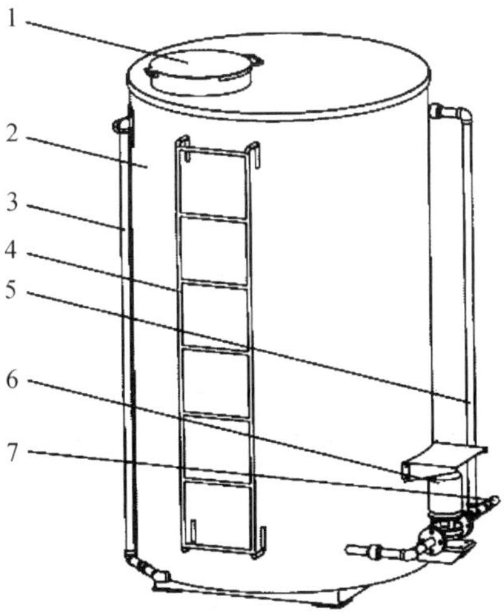

图 3-30 PE 外加剂储罐

1—进料口；2—罐体；3—液位显示管；4—爬梯；5—回流管；6—外加剂泵；7—出料管

水池是储存生产混凝土用水的设备，一般在进行混凝土搅拌站的安装基础施工时浇筑而成，水池的供水方式和容积的大小可以根据场地情况来定。例如，设备需要在低温下使用，必须考虑合适的水加热方式。

3.2.4 混凝土搅拌系统

1. 信息化控制

信息化控制是指搅拌站在输入任务信息后，单击启动生产，搅拌站即可自动进行原材料的配料和输送、混凝土的搅拌和卸料、出车响铃及出货单打印等一系列工作，在运行过程中不需要人工干预。

控制系统根据配合比要求，自动判断启用哪些计量秤进行配料，配合比中没有的物料不参与配料，根据系统运行状态，判断物料是否可以开始配料。骨料配料时根据秤内质量的变化，自动关闭粗秤门提高配料精度；当所有骨料配料完毕，且待料斗内没有物料，待料斗关门到位时，自动启动骨料卸料控制，根据设定的卸料顺序和间隔时间，自动开启骨料卸料门，将骨料卸至皮带机上，运送到待料斗内。

实际配料值大于目标值，且秤斗内为单种物料时，系统应实现根据误差值自动进行扣秤操作，执行扣秤操作后将会有一部分物料留在秤斗内。当实际配料值小于目标值且秤内为单种物料时，系统根据误差值自动进行补料操作。自动开启精计量再次配料，直到配料值与目标值的差值控制在误差范围内。骨料振动器可选择智能振动和脉动振动两种方式。智能振动会根据下料或进料流量，自动开启振动器，脉冲振动会根据参数设置间歇振动。

系统根据设定的投料顺序将物料投入搅拌机，卸料顺序和间隔时间可根据需要调整，所有物料全部投入搅拌机后，搅拌机自动开始记录搅拌时间（也可以选择开始投料时记录搅拌时间），当搅拌时间到达设定时间，搅拌机卸料门自动打开，将搅拌好的混凝土放入混凝土骨料斗，由骨料斗闸门控制混凝土以合适的流量进入搅拌罐车内，搅拌机开门可根据参数设置，自动执行半开和全开操作。

基于混凝土生产自动化操作和网络通信的应用，通过远程操作设备，保证作业人员的职业健康，搅拌站内不需要配置操作人员，实现无人值守，调度、质检、操作、实验室等部门集中在一处办公，实现信息共享，提高办公效率。

视频监控要实时监控生产线状态，包括堆料场、平皮带、斜皮带、卸料口等，及时发现异常状况，防止生产事故；还要监控搅拌站内整体安防，主要涉及仓库原材、车队车辆、生产设备、人员财产等方面的安全防护。视频监控基本设备连接，如图 3-31 所示。

生产线视频监控功能应支持多个 IPC 设备，实现直接对生产线状况进行实时监控，以便人员获取现场第一手信息。包括监控骨料下料口情况及装载机上料状态，及时补充不足的骨料，保障生产的连续性；监控平皮带的骨料下料及配料传送情况，防止撒料；通过监控斜皮带初步判断骨料状态，预防撒料及监控人员违章及生产事故；实时获取卸料口开 / 关门状态，同时可以初步判断生产混凝土的干湿度，为外检或试验员提供初步判断。还可以监控搅拌主机、液料罐等区域及地点。

除了生产相关监控之外，将 IPC 部署到站内各个关键位置，以实现全面的搅拌站安防监控，保障仓库原材料安全、车辆轨迹回放、问题追溯录像等（图 3-32）。

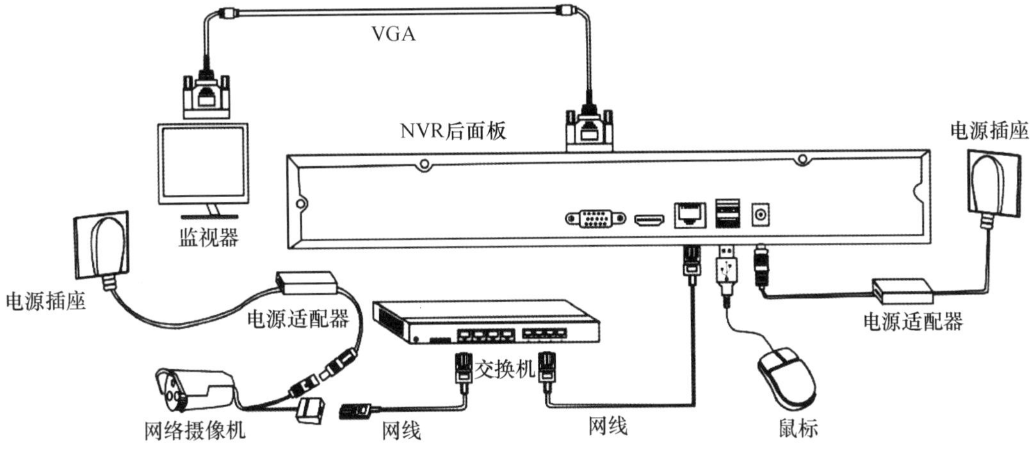

图 3-31 视频监控基本设备连接

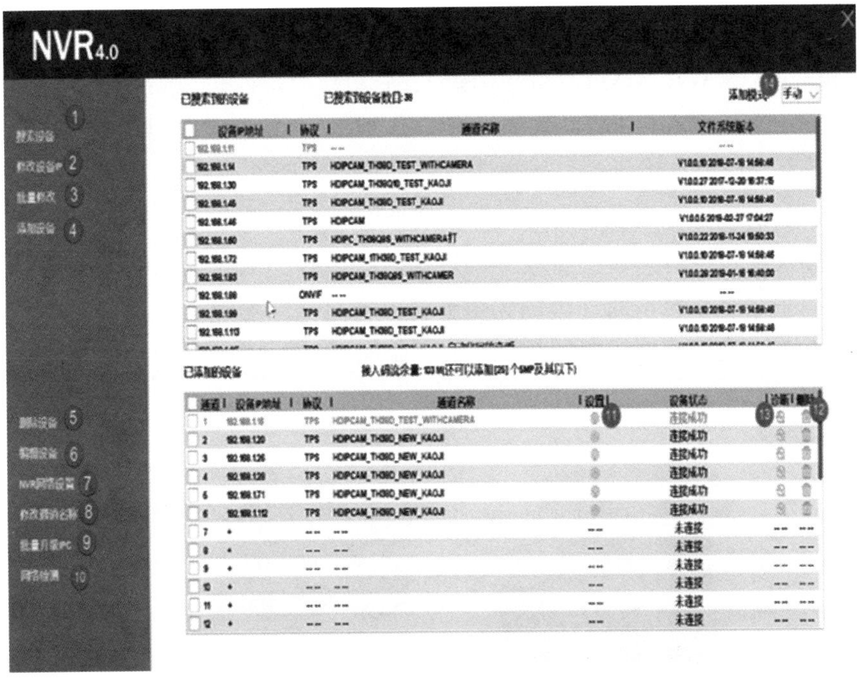

图 3-32 多监控 IPC 设置

2. 粉料工序

计量开始时螺旋输送机（或风槽）得到信号，开始启动，输送粉料到计量斗，计量斗一部分空气和粉尘通过排气管到达收尘装置。如果是风槽输送，一般还要专门配备收尘机用于粉料的通气收尘。当粉料的质量达到预先设定的质量值时，螺旋输送机（或风槽）停止输送粉料，完成计量。当气动卸料蝶阀得到卸料的指令后，气动卸料蝶阀动作，开门卸料。与此同时，气动球形振动器开始振动，加快卸料速度。称空后气动卸料蝶阀延时动作，关闭卸料口，停止振动。

粉料罐需安装除尘装置，除尘装置一般安装在罐顶，有振动式及脉冲反吹式两种，其主要作用是在散装水泥车或低压打灰系统向粉料罐内泵送散装物料时，罐内压缩空气可通过仓顶收尘机排到大气中，且能阻止压缩空气中夹杂的粉尘直接排出，从而起到保护环境的作用。

水泥及掺合料计量、卸料时的除尘目前有布袋式除尘、开放式箱体除尘和强制式除尘等多种方式。布袋式除尘是充分利用了布袋的可伸缩性和密封性来进行工作的，布袋采用帆布制作而成，结构简单，成本低，能够有效地避免粉尘外漏，消除系统的正负压，这种方式在安装初期效果显著，如果一段时间后袋壁上积尘不予清理，除尘效果会变差，所以要定期清理积尘。开放式箱体除尘是利用箱体来收集粉尘，并通过箱体顶部的单向吸气口来消除搅拌机在卸料时产生的负压。强制式除尘结构较复杂，成本高，它能够有效除去水泥及掺合料计量和卸料时所产生的粉尘，但容易产生正负压，影响水泥及掺合料计量精度，在使用强制式除尘时，可以在搅拌主机的上盖处安装了一台负压阀，用于消除主机卸料时产生的负压。

3. 骨料工序

骨料待料斗（图 3-33）是过渡料斗，起暂存骨料作用，缩短了搅拌站的工作循环时间。骨料待料斗由斗罩、斗体、斗门、耐磨机构、防尘帘、气缸和振动器等组成。皮带机将骨料投入骨料待料斗时易产生扬尘，需要在此处设置除尘系统，一般风机功率宜大于 3kW，除尘面积大于 $30m^2$，并尽可能将封闭做好，减少透气面积。

骨料在进入骨料待料斗时会有较强的冲击，产生较大的粉尘和噪声。待料斗罩上方设置防尘帘用于减少骨料待料斗内的粉尘外扬，待料斗罩加收尘机，工作时可同时对待料斗和主机进行收尘，实现一机多用的效果，降低能耗的同时又能大幅降低待料斗内部粉尘的外溢。

图 3-33　骨料待料斗

为尽量减少皮带机将黏附料带到皮带机残料槽，皮带机头部刮料器应将皮带上黏附的细砂刮入骨料待料斗，同时头部改向滚筒处也有部分残料，应增加导料槽（图 3-34）将这部分残料也导入骨料待料斗，实现当盘处理，从而减轻污水和遗撒处理系统的处理量。

图 3-34　皮带机残料槽

骨料在用皮带机进行转运时，应尽量减少皮带转接次数，每增加一次转接都会增加扬尘和撒料的产生。

砂石含水率检测技术目前比较先进的是基于独特的时域反射法 TRIME-TDR 技术，稳定、可靠、测量精度高。TDR 技术通过测量被测物的介电常数，从而测量被测物的含水量（水的介电常数很高）。传感器的时间分辨率达到皮秒级（10^{-12}s），检测频率可控制在 3 ～ 10 次 /s，因此，非常适用于快速流动的样品测量，如配料机、料斗仓等地方，传感器检测波形如图 3-35 所示。砂石含水率检测点有两处：一处是在进料或卸料时检测，可采用便携式传感器进行人工检测，也可在过磅时自动采样自动检测；另一处是在砂石计量后输送过程检测，传感器可安装在料斗口下方或者配料皮带上（图 3-36），确保与砂石接触紧密，检测信号可接入控制系统，根据砂石含水率，可实施调整配比、控制加水量，提高混凝土的配比精度。

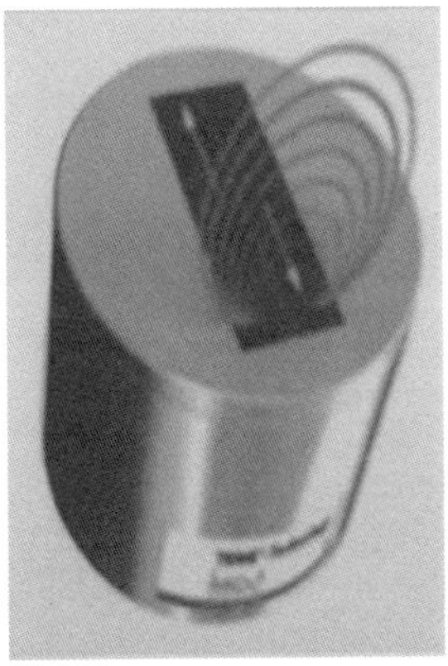

图 3-35　传感器检测波形

图 3-36　皮带上方的在线检测传感器

4. 混凝土卸料工序

普通卸料斗（图 3-37）是成品混凝土从搅拌机卸出后，落入罐车前的一个过渡料斗，它起到了对成品料的暂存作用，对罐车来说起到了缓冲作用，并能让搅拌机中的成品料尽快卸出，这种卸料斗不能预存料，只能通过主机门控制投料速度。安装节流阀的卸料斗（图 3-38）无须频繁调节搅拌机卸料时间，减少操作工作量，可储一盘料，无滴漏，混凝土零落差进入罐车，无溢料、不飞溅，搅拌机可全速卸料。

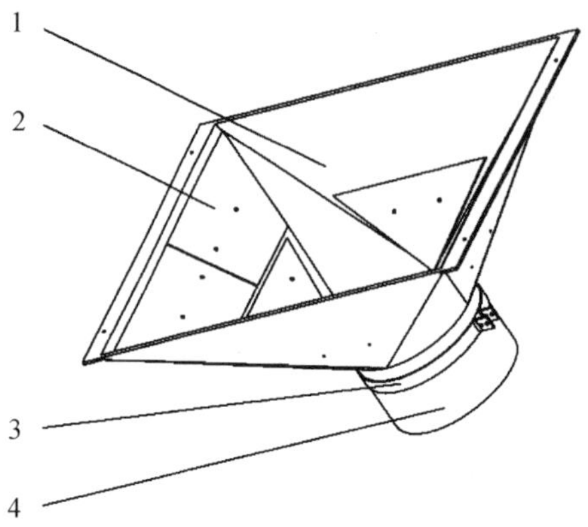

图 3-37　普通卸料斗

1—斗体；2—耐磨衬板；3—卡箍；4—橡胶管

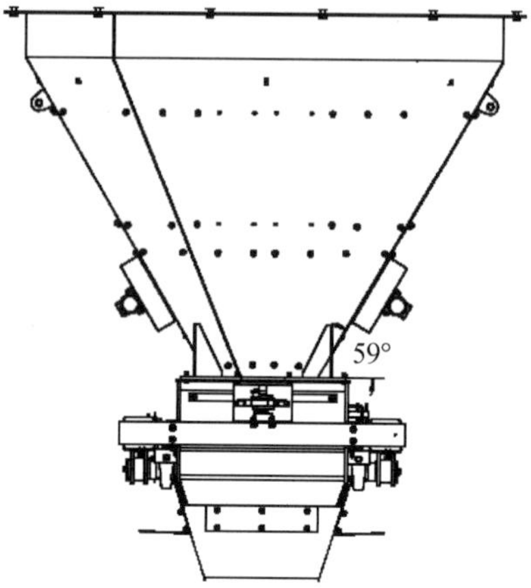

图 3-38　带节流阀卸料斗

混凝土卸料区是站点内重点污染源之一，包括集料斗遗撒、入车时的飞溅、清洗搅拌系统水流淌等现象，应做详细的工艺及设施设计。如图 3-39 所示，为在混凝土卸料斗下接可移动漏斗，漏斗下接连管，将搅拌机中的混凝土浆水导入清洗池，防止混凝土飞溅和浆水地面遗撒。

图 3-39　混凝土卸料斗加装漏斗导管（德国某公司）

3.2.5 搅拌站废水及固废处理工序

1. 生产可用水回收处理

搅拌站把清洗罐车、清洗搅拌机、混凝土分离产生的浆体进行单独处理，处理后的废水、浆体及分离出来的砂石可用于混凝土的生产使用。实现零排放的典型处理工艺流程是：①模块化分体式结构，对砂、石、浆水都有特有的、独立的模块单元，分别提取处理，分离彻底，回收率高。②细砂分离模块，增加砂的二次分离工艺，细砂提取更彻底，浆水中含砂量更低，浆水的可压滤性和可利用率更高。③处理系统用钢结构封闭式的浆水罐替代沉淀池，具有效果更环保、基础投资更节省的特点。经过细砂分离后的浆水，可直接用于生产适合的混凝土，多余部分压滤实现固液分离。④分离主设备是下沉式设计，可实现卸料、洗车车位无斜坡，更加安全和方便。⑤专用的压滤设备，能把多余浆水分离成干渣和清水，“干湿”分离。工艺流程，如图 3-40 所示。

处理系统由多模块系统组成：洗车槽、滚筒砂石分离机、螺旋砂石分离机、旋流分离器、压滤机、浆水池（粗浆池、细浆池）、浆水水储存罐及管路。系统布置平面，如图 3-41 所示。

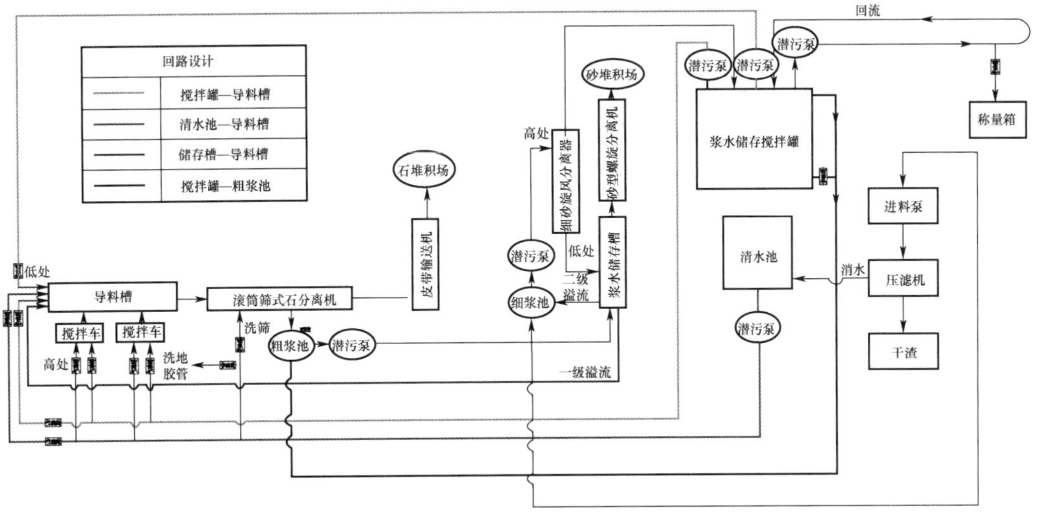

图 3-40 固体液体废弃物处理工艺流程

独立式砂石分离及污水处理系统不建地下浆池，分解能力强，细砂颗粒经旋流分离器高效分离，清洁度高，砂石骨料含水率低（图 3-42）。回收后的浆水无须三级沉淀处理，适用于废弃混凝土处理量需求较大的搅拌站。自动洗车时，搅拌车倒车到指定位置，砂石分离机及洗车水泵启动，正、反转洗车，重复清洗。独立式砂石处理系统应进行全封闭，防止粉尘产生，地面要有车轮清洗设施，防止车轮带泥水离开。

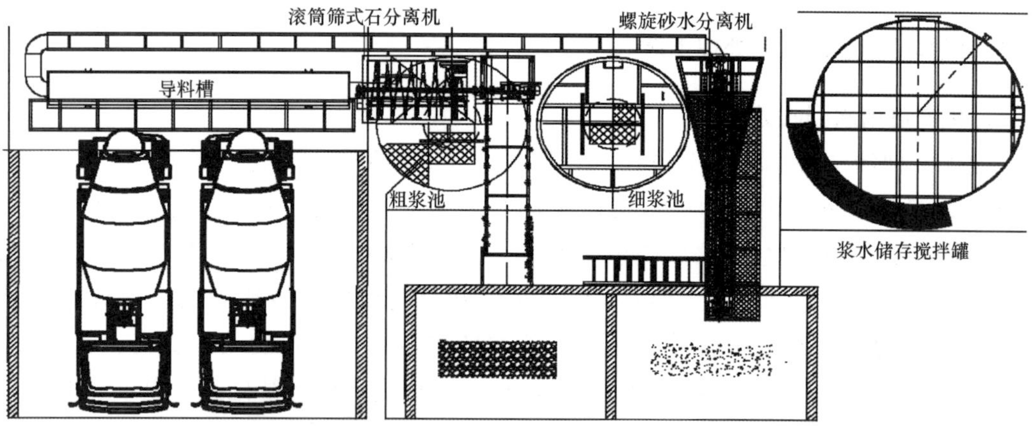

图 3-41　生产污水处理系统布置示意图

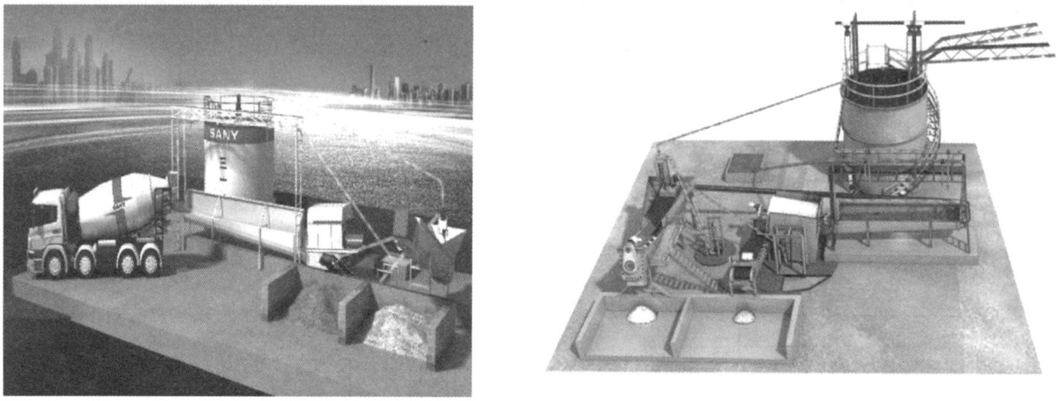

图 3-42　独立式砂石分离及污水处理系统

2. 砂石和污水处理系统设计计算实例

决定砂石和污水处理系统的需求效率有两个：一个是 Q_1；另一个是 Q_2。Q_1 称为最多车位需求效率，它与搅拌站产量无关，只与车位数量和车辆大小有关，处理系统的车位一般最多两个，多了会产生更多污水并影响处理效率。

参数计算公式为

$$Q_1=n\times V\times K/t \tag{3-1}$$

式中，n 为车位数，一般取 2；V 为最大搅拌车容量；K 为混凝土搅拌车的卸料残余率，一般取 3%；t 为一个车的处理时间，一般为 90 ～ 120s。

举例：假定搅拌站最大容量为 $16m^3$，一个车的处理时间为 120s，即 120/3600=0.0333h，那么，$Q_1=2\times16\times3\%/0.0333=28.8m^3/h$。

我们称 Q_2 为最大产量需求效率，它与搅拌站的产量直接相关。与产量相关的是最高产量时搅拌车的配置数量。

$$Q_2=n\times V\times K/t \tag{3-2}$$

式中，n 为最大产量时搅拌站需要配置的搅拌车数量；V 为最大搅拌车容量；K 为搅拌车的卸料残余率；t 为集中处理时长，一般取 1 ～ 2h。

举例：某搅拌站最大产量时需要配置 50 台 16m^3 罐车，要求在晚上收工后 1h 内集中清洗完毕，即 t=1，那么 Q_2=50×16×3%/1=24m^3/h。

如果 $Q_2 < Q_1$，那就以 Q_1 为依据来选型，选比 Q_1 效率高一点的型号；如果 $Q_2 > Q_1$，而且超出 50%，那么应该配置两套以 Q_1 为依据选型的设备，如果配置不够，可延长集中处理时间。

3. 非生产用废水处理方案

不能用于混凝土生产的污水都有一定的含泥量，不经处理是不能用于循环使用的，以两套洗轮机、一套洗车机为例，计算污水的产生量。洗车机每分钟产生 0.5m^3 污水、两套洗轮机每分钟产生 0.3m^3 污水，则每小时污水产量 48m^3。每天按照 2h 的总冲洗时间，每天产生污水 96m^3，厂地冲洗每天 3 次，每次污水产生量 10m^3，所以每天污水总合计 126m^3，按照 4‰含泥量计算，每天需要分离出的固体量约为 0.5m^3。

方案一：封闭闭环污水处理工艺，如图 3-43 所示。

洗车机、洗轮机、场地冲洗污水经厂区排水沟流入污水池，雨天场地前期含泥量较大的雨水进入污水池内。当雨水含泥量较小时可改变雨水的流向进入雨水池内。污水池内的污水利用潜污泵将污水送到浆水罐内。泵送过程中通过污水缓冲槽及管道使污水从浆水罐底部自下而上地进入，使浆水罐上部浆水浓度保持在 1% 以下。上部的清水溢流到清水罐内，用于洗车机、洗轮机、场地冲洗用水。清水罐内多余的清水可溢流到清水池内。当雨水池与清水池距离近时，可将清水池与雨水池做成一个池子。浆水罐底部浓度较高的浆水利用渣浆泵泵送到浓浆罐内，同时浓浆罐上方设置溢流管道，将多余的浆水溢流回到污水池内，形成一个闭环循环系统。浓浆罐底部含泥量大、浓度高的浆水用于润管砂浆生产使用（也可做其他用），从而最终实现污水零排放。

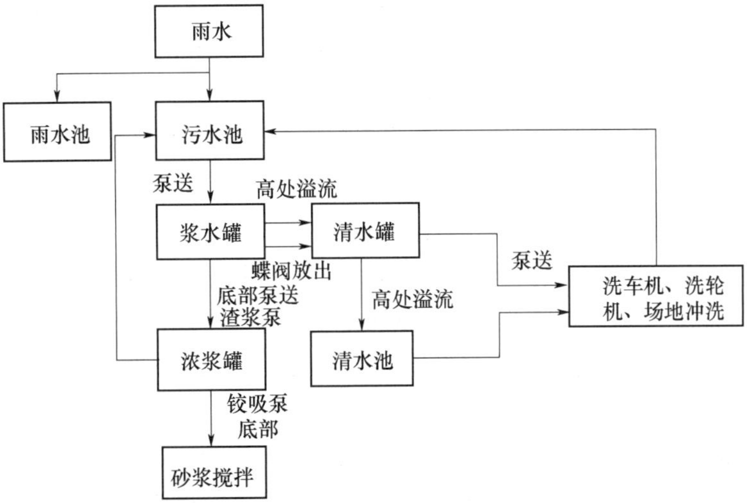

图 3-43 封闭闭环污水处理工艺

污水处理设备工艺，如图 3-44 所示。

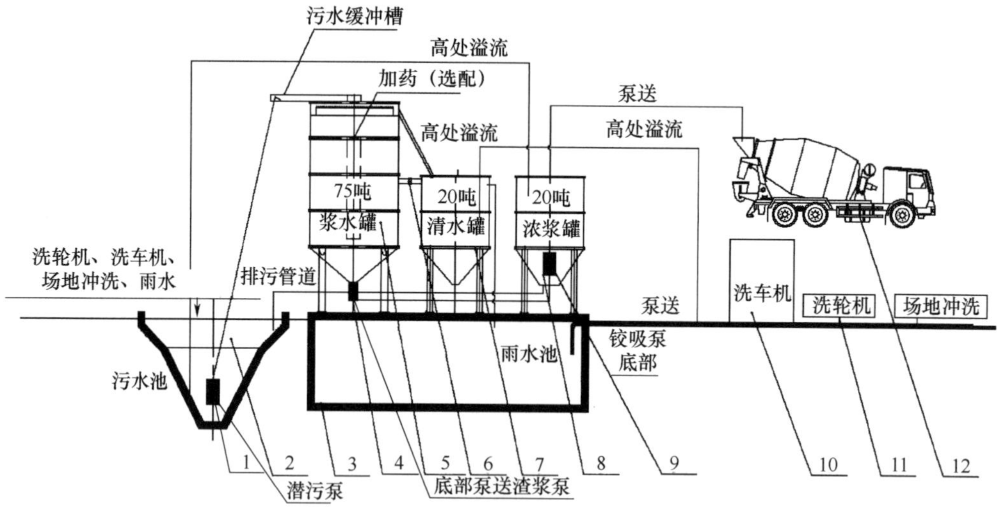

图 3-44　污水处理设备工艺

1—潜污泵；2—污水池；3—雨水池；4—底部泵送渣浆泵；5—沉淀罐；6—气动蝶阀；7—清水罐；8—浓浆罐；9—铰吸泵；10—洗车机；11—洗轮机；12—罐车

污水处理设备由泵送系统、储存系统、溢流系统、控制系统 4 个部分构成。泵送系统由潜污泵、底部泵送渣浆泵、铰吸泵组成；储存系统由污水池、雨水池、沉淀罐、清水罐、浓浆罐组成；根据污水产生量的测算将浆水罐设计为 75 吨，清水罐及浓浆罐分别设计为 25 吨。溢流系统由溢流管路组成；控制系统采用 PLC 编程进行自动控制设备的运转。

每天晚上设备处于停止状态，浆水罐内的浆水有足够的沉淀时间，在第二天使用清水时，优先使用清水罐内的清水，同时在浆水罐中部设置与清水罐连通的管路及阀门，在清水罐内清水用完前，打开阀门使沉淀一晚上浆水罐上部的清水直接排到清水罐内。提供充足的清水，以及提高污水沉淀的时间。如果白天正常生产时，遇到短时间内大量污水产生的情况，污水没有足够的沉淀时间，可在浆水罐内自动添加聚丙烯酰胺 PAM 絮凝剂以提高污水沉淀效率。

方案二：搅拌站污水经过明沟收集进入沉淀池。

与传统的将污水自然沉淀而后转换为清水不同，压滤机污水处理系统可以实现污水内部杂质的真正剔除，与自然沉淀相比，压滤机过滤不仅效率高，每天能实现 20 ～ 50m^3 的污水处理量，并且滤后的清水还能直接用于混凝土搅拌、罐车洗车等，环保节能，降低成本。

搅拌站污水处理系统，如图 3-45 所示，当使用压滤机后，与一级沉淀池（图 3-45 中标号 2）相连的 5 ～ 7 号搅拌池（搅拌池内部相连）经过搅拌器搅拌后，形成质地均匀的悬浊液，如同时安装了的砂石分离系统（图 3-45 中标号 1），那么悬浊液除了经由压滤机压滤后形成清水、导入清水池外，还可以利用搅拌池里的污水，将砂石分离机倒料槽里残余的混凝土冲入砂石分离机内部，进行骨料回收。

图 3-45 压滤机污水处理系统

1—砂石分离机；2，3，4—三级沉淀池；5，6，7—泥浆搅拌池；8—雨水回收池；9—压滤机

板框压滤机（图 3-46）用于固体和液体的分离。与其他固液分离设备相比，压滤机过滤后的泥饼有更高的含固率和优良的分离效果。固液分离的基本原理是：混合液流经过滤介质 (滤布)，固体停留在滤布上，并逐渐在滤布上堆积形成过滤泥饼。而滤液部分则渗透过滤布，成为不含固体的清水，转换后的清水可以直接回收，或者用于搅拌楼的生产、罐车洗车，或者地面冲洗等用途，在节约用水的同时可以显著降低搅拌站环境承载的压力。

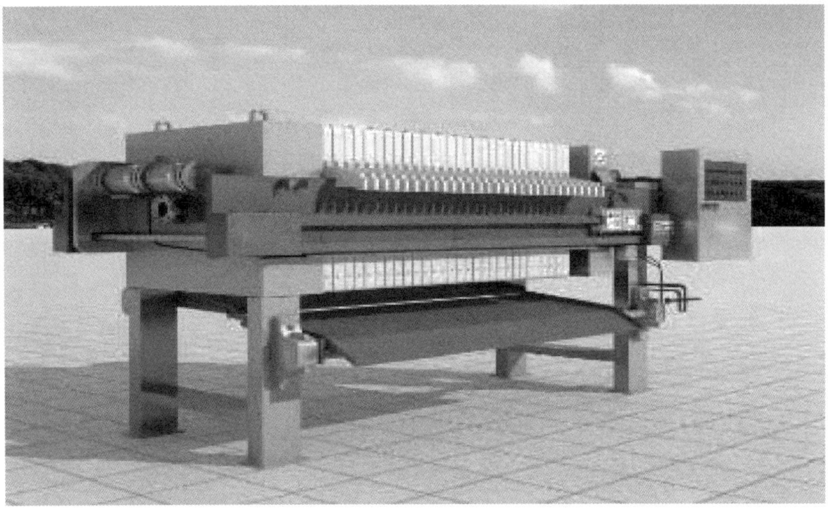

图 3-46 板框压滤机

4. 修配系统含油废水处理

修配系统含油废水采用隔油池进行处理，在机械维修厂周围布置集水沟，集水沟收集的废水经隔油板隔油后，进入沉淀池处理，隔油去除废水中的悬浮物后回用于洗车或场地洒水。隔油沉淀池产生的污泥运往弃渣厂，废油统一收集后外运处理。

5. 生产废弃物（试块、剩退灰、压滤机产物）处理

混凝土搅拌站废渣主要是冲洗废水后的沉淀物及废弃的混凝土试块，大多数混凝土企业采用简单处理然后外运的方式解决废渣占用场地的问题，废渣外运不仅对土地环境造成污染，而且对资源也是一种浪费，混凝土企业每年为此都要支付费用。

剩退灰和实验室混凝土试块的处理是搅拌站重点关注的问题。按照现行的标准和要求，搅拌站每年的试块数量大致为200组/万m^3，每组试件体积为10cm^3，每1万m^3产生的试件数量为0.6m^3，再加上抗渗及其他试件，每1万m^3混凝土销售会产生废弃试件0.8m^3左右，百万立方米混凝土产生80m^3折合200吨左右的固体废弃物，而且是每天持续地产生。无法调整的剩退灰数量按照0.1%计算，百万立方米产生1000m^3废料，以环保无排放为特征的绿色混凝土搅拌站应具备相应的处理设施和处理方法。制作小型构件，分离，压滤，试块的破碎，再生骨料分类等附属工艺设计与设备选型。

剩退灰制作混凝土构件，欧洲一些国家在现场预备一定数量的模具（图3-47），制成用于围墙的大型砌块（图3-48）。废弃混凝土试块基本是以混凝土为主，是比较好的固体废弃物再生骨料的原料，制成标准化围墙挡墙用构件，可在一些临时工程中得到使用，而且可以重复利用。搅拌站可配置环保低噪声的破碎筛分工艺装备，形成二类以上的固体废弃物再生骨料，返回到再生骨料存储库，用于制备C20以下的混凝土。搅拌站应该配置制作小型构件的设施设备。

图3-47　混凝土剩退灰构件模板

图3-48　混凝土剩退灰构件

混凝土搅拌站应配备砂石分离机和浆水再利用设备设施，并进行专项设计，混凝土分离车间要有砂石自动回收，浆水要能顺利输送到专门的利用设施处，输送过程要防沉淀、跑冒，保持环境整洁，要综合考虑剩退灰的处理能力，要具备快速处理的功能。

3.3 运输

3.3.1 车辆清洗

搅拌站车辆遗撒和车轮对道路与地面的污染，是一个重要的环境污染源，车辆进出流量大是搅拌站的典型特征，因此，需要配置足够能力和效果的洗车设施，保证车辆离开场站时对外部道路环境无污染，并保证冬季和夏季均能正常运行，搅拌站车辆洗车机的出现解决了扬尘污染、车辆脏污等问题。洗车机应设置在车辆必经之路，综合考虑需要清洗的车辆外形，对车辆车轮和车身全方位自动清洗。目前，搅拌站广泛应用的洗车机包括龙门洗车机、卸料口洗车机、轮胎洗车机。

龙门洗车机（图 3-49）采用集成式洗车房和机房，采用摇摆式水刀清洗模式，封闭式作业可有效防止污水外溢，采用地感技术可自动识别车辆，自动进行清洗作业，无须人员值守，可以对车辆进行全方位清洗，并且高效、无死角。根据地域选配防冻措施，加装烘干装置、加热和风干系统。

卸料口洗车机（图 3-50）主要适用于某些场地较小的搅拌站，安装在下料口门口，不需要占用搅拌站额外场地，侧面采用摇摆式水刀结构，能够进行全车冲洗，顶部设置有顶喷，地面设置有底盘冲洗。

图 3-49　龙门洗车机

图 3-50　卸料口洗车机

轮胎洗车机（图 3-51）结构简单，主要是对车辆轮胎进行清洗，可用于环保要求较低的场合，北京地区在冬季不能在露天使用。

车辆清洗系统（图 3-52）由空压机、截止阀、安全阀、输送管路、清洁喷头组成。工作基本原理为：低压大排量空压机输出压缩空气，通过输送管路及清洁喷头，清洁运输车辆。工作流程为：车辆进入清洗区，高压水雾清洗车身，低压水雾清洗底盘，压缩空气清除地盘残留水雾，车辆驶离清洗区。

图 3-51　轮胎洗车机

图 3-52　车辆清洗系统

3.3.2　车辆管理

随着 5G 网络、人工智能的发展，搅拌站可实现对人、车、料及环境的全面调度和管理。联动车辆识别装置，实现车辆回站自动排队，保证公平的前提下减少调度工作量；利用 RFID 感应技术联动生产，解决车辆接错料、未接完料等问题。调度员或者司机通过二维码与车辆完成绑定，高效解决司机换班、换车问题；安装车辆定位系统，获取位置信息，根据定位实时显示车辆位置及途经轨迹，运输信息心中有数；支持轨迹查询、还原优化、逐步增强里程计算精度，解决新司机路径不熟等问题；驻车超时报警、轨迹偏离报警，规范管理车队。车辆管理示意，如图 3-53 所示。

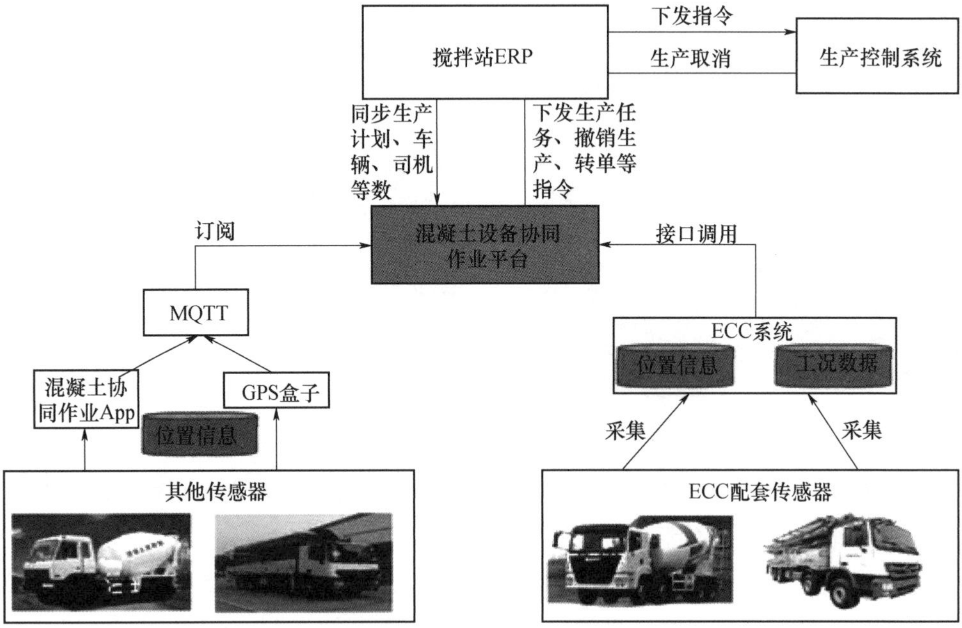

图 3-53　车辆管理示意

3.3.3 车辆的选择

砂石运输车辆和混凝土搅拌运输车对搅拌站运营环境会产生重大影响，应重点考虑如何减少浆水的滴漏和搅拌车内混凝土及砂浆的残留，减少车辆尾气排放，搅拌站应响应国家政策，积极改变运输方式。

环保型运输车采取了严格的密闭措施，可极大地减少遗撒和扬尘的产生。例如，建设有皮带机上料的智能堆场，倒卸型卸料时采取有效的除尘措施，减少厂内卸料时的扬尘；侧卸型半挂车因车身长，受卸料方式影响，除尘困难，往往只能喷雾降尘。

搅拌车卸残余料的，对搅拌站内污水处理系统的运行影响较大。残料越多，处理负荷越大，管理难度相应越高，容易产生污染事故。因此，在进行搅拌车选择时，应选择卸料残余≤ 0.5% 的产品，从而减少污水和废料的处理量。

3.4 综合利用

混凝土行业可利用的工业固体废弃物主要有矿山尾矿废石、固体废弃物再生骨料、燃煤电厂的副产品粉煤灰以及自身生产过程中产生的固体物和浆水。综合利用不但需要固废的二次加工技术，还需要有满足混凝土质量要求的产品标准和应用技术规程的支撑，更需要混凝土搅拌站有相应的工艺设施配套。只有在 3 个条件同时满足的前提下才能批量应用固体废弃物，真正达到综合利用的目的。

3.4.1 尾矿废石

矿山开采剥岩废石和选矿排出尾矿在京津冀地区存量大，不但占用大量的土地，还危害生态环境并有安全隐患。随着科学技术的进步，对尾矿废石二次加工并加以利用日益被人们所重视。为解决矿山尾矿废石的堆放问题，也为北京地区解决建筑用天然砂石短缺的问题，尾矿砂、尾矿石的应用应运而生。研究表明，京津冀地区的金属尾矿大部分可以用作建筑材料。

废石通过破碎筛分制得符合标准要求的碎石和机制砂，尾矿砂直接来自尾矿库。机制砂与尾矿砂按试验比例搭配得到混合中砂，可用于预拌混凝土生产。

废石尾矿的生产要满足现行《建设用砂》（GB/T 14684）和《建设用卵石、碎石》（GB/T 14685）的要求。使用时要满足现行《普通混凝土用砂、石质量及检验方法标准》（JGJ 52）、《人工砂应用技术规程》（DB11/T 1133）及《铁尾矿砂混凝土应用技术规范》（GB 51032）的要求。

利用废石制备的机制砂和利用尾矿选出的尾矿砂由于原料和加工设备的局限，生产出来的产品很难达到相关标准的要求，但是经过不同细度模数的相互搭配，可以得到混凝土需要的细度模数。如表 3-4 所示，细度模数为 3.1 的机制砂和细度模数为 1.6 的尾矿砂在不同比例下得到不同细度模数的混合砂，混合方式通过搅拌站配料机构分别计量，细骨料的整体细度模数可满足混凝土要求。

表 3-4　机制粗砂与尾矿细砂混合后的细度模数情况

筛孔尺寸（mm）	机制砂累计筛余	尾矿砂累计筛余	机：尾 =7 ：3 累计筛余	机：尾 =6 ：4 累计筛余	机：尾 =5 ：5 累计筛余	机：尾 =4 ：6 累计筛余	机：尾 =3 ：7 累计筛余
4.75	4.0	1.0	3.0	3.0	2.0	2.0	2.0
2.36	29.0	3.0	21.0	19.0	16.0	13.0	11.0
1.18	49.0	5.0	36.0	32.0	27.0	22.0	18.0
0.60	67.0	11.0	51.0	45.0	39.0	33.0	28.0
0.30	80.0	57.0	74.0	71.0	69.0	66.0	64.0
0.15	89.0	91.0	91.0	90.0	91.0	90.0	91.0
筛底	100.0	100.0	101.0	100.0	101.0	100.0	100.0
细度模数	3.1	1.6	2.7	2.5	2.4	2.2	2.1

使用过程中可以根据两种砂的细度模数情况确定搭配比例。一般以细度模数在2.5～2.7最好用。值得注意的是，铁尾矿废石的表观密度要大于天然砂石，一般在 2700 kg/m^3 以上，保水性能不如天然砂石，计算配合比时建议采用体积法计算。调试外加剂时需兼顾保水性能。

尾矿废石生产的机制砂技术需要针对原材料特点进行精细加工，混凝土搅拌站实现级配自动组合计量，提升混凝土生产控制水平，在保证质量的前提下提高混凝土行业的固废利用率，实现混凝土的绿色高质量目标。以尾矿废石为主要组成的砂石产品的应用技术研究日渐成熟。随着机制砂使用量的快速增加，建立更多的机制砂生产基地才能满足需求。

3.4.2　再生骨料

再生骨料由固体废弃物中的混凝土、砂浆、石或砖瓦等加工而成，粒径大于 4.75mm 的颗粒称为再生粗骨料，粒径≤ 4.75mm 的颗粒称为再生细骨料。再生骨料在国内的研究利用相比日本、德国等国家起步较晚。目前，北京市场的固体废弃物主要来源是混凝土及砖混结构建筑拆除物。再生骨料的加工方法也大同小异，即将破碎装置、传送装置、筛分装置、清除杂质装置有序组合在一起，完成破碎、筛分、除杂质等工序，得到符合质量要求的再生骨料。再生骨料同天然骨料相比，有表面粗糙、吸水率大、表观密度低等特性。再生骨料的适用范围及取代率要求如表 3-5 所示。

表 3-5 再生骨料的适用范围及取代率要求

项目	Ⅰ类	Ⅱ类	Ⅲ类
适用范围			
再生粗骨料	可用于配置各种强度混凝土	宜用于配置 C40 及以下强度等级的混凝土	可用于配置 C25 及以下强度等级的混凝土
再生细骨料	可用于配置 C40 及以下强度等级的混凝土	可用于配置 C25 及以下强度等级的混凝土	不宜用于配置结构混凝土
取代率	根据已有技术资料和混凝土性能要求，确定再生骨料取代率。当缺乏技术资料时，再生粗骨料和再生细骨料的取代率不宜大于 50%；Ⅰ类再生骨料取代率可不受限制；当混凝土中已掺用Ⅲ类再生骨料时，不宜再掺入再生细骨料		

注：再生粗骨料不宜用于配置有抗冻要求的混凝土。再生骨料不得用于配置预应力混凝土。

再生骨料的生产和应用应满足现行《混凝土和砂浆用再生细骨料》（GB/T 25176）、《混凝土用再生粗骨料》（GB/T 25177）、《再生骨料应用技术规程》（JGJ/T 240）、《再生骨料混凝土耐久性控制技术规程》（CECS 385）等标准的要求。

3.4.3 粉煤灰

粉煤灰是从电厂煤粉炉烟道气体中收集的，使用技术比较成熟。粉煤灰已广泛应用于建筑工程中，并成为混凝土的重要组分之一。搅拌站一般都设置有专门的储存、计量系统，满足粉煤灰的利用。粉煤灰的生产及使用应满足现行《用于水泥和混凝土中的粉煤灰》（GB/T 1596）、《矿物掺合料应用技术规范》（GB/T 51003）、《混凝土矿物掺合料应用技术规程》（DB11/T 1029）等标准的要求。

3.4.4 搅拌站自产废水、废浆

废水是指预拌混凝土生产企业在废弃混凝土分离、设备冲洗和生产区域的场地冲洗过程中产生的含细骨料、粉料、外加剂等的混合液，混合液的含固量≤ 10%；废浆是指预拌混凝土生产企业在废弃混凝土分离、设备冲洗和生产区域的场地冲洗过程中产生的含细骨料、粉料、外加剂等的混合液，混合液的含固量＞ 10%。

北京市地方标准《预拌混凝土绿色生产管理规程》（DB11/T 642—2018）将废水分为生产可回收利用和不可回收利用两类。主机清洗、搅拌运输车清洗、剩退混凝土的分离产生的泥浆水成分相对固定，属于可以回收利用水。场地清洗、洗轮机清洗及雨水、维修污水杂质较多，为生产不可用水，需经沉淀池沉淀后循环利用。生活污水需经净化处理后循环利用。

废水处理过程中提取了砂石等固体废弃物。搅拌站对污水处理，要求砂石分离机分离后的石子含泥量≤ 1%，砂子含泥量≤ 3%，污水要实现零排放。

3.5 附属设施

3.5.1 空压站

空压站（图 3-54）在混凝土生产系统中除了吹灰以外，还包括其他用气部位，如驱动骨料仓门和蝶阀的气缸、破拱装置、脉冲反吹式除尘机、洗车机轮胎吹干、维修用工机具设备及其他一些清理设备等，空压站的大小应根据用气部位的用气量设定。应采用噪声低的螺杆式空压机（图 3-55）作为主机。

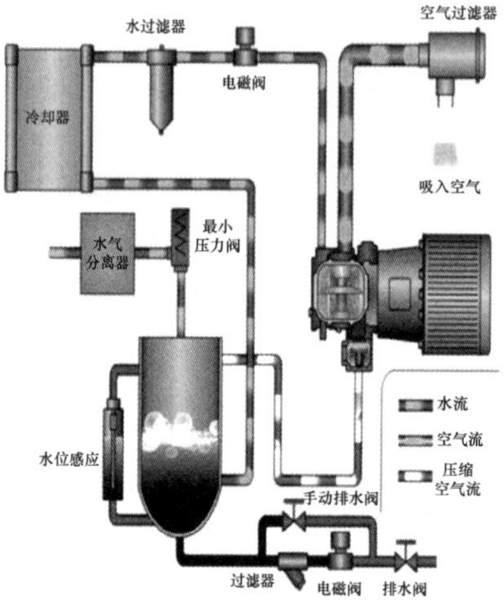

图 3-54 空压站

图 3-55 螺杆空压机

螺杆空压站主要由主机和辅机两大部分组成，主机包括螺杆空压机主机和主电机；辅机包括进排气系统、喷油及油气分离系统、冷却系统、控制系统和电气系统等。在进排气系统中，自由空气经过进气过滤器滤去尘埃、杂质之后，进入空压机的吸气口，并在压缩过程中与喷入的润滑油混合。经压缩后的油气混合物被排入油气分离桶中，经一、二次油气分离，再经过最小压力阀、后部冷却器和气水分离器被送入使用系统。

空压站的电力供应及用电安全应有保障，提倡双路供电，有安全用电防护措施，应置于通风、干燥处，保证设备正常散热，保证压缩空气排水、排污便利，如受限则需做好防漏电、防腐、除湿等必要措施。空压站的位置应尽可能地靠近压缩空气使用设备，如用气设备分散，则需在关键用气设备附近设置储气罐。所有储气罐均需设置安全阀和压力表，并按期校验以确保使用安全。空压机、储气罐及关键管路的最低点均需设置排水、排污机构，确保压缩空气的洁净度。

空压站需要满足各个部位的用气要求，应进行相关的计算。选取空压机时，其排量一般为 $V \geqslant 1.25V_{空压机}$（1.25 为调整系数），空压机工作压力为 0.8 ～ 1.0MPa。活塞空压机价格、维修成本、修理技术要求低，但噪声大。螺杆空压机噪声小、寿命长，但价格高、维修技术要求和成本高。

3.5.2 粉剂输送和车辆清洁压缩空气系统

粉剂输送和车辆清洁分别处于混凝土生产过程的上下两个重要环节，也需要压缩空气来完成工作或是辅助工作。混凝土生产系统对压缩空气的需求特点是压力高、流量小，粉剂输送和车辆清洁系统对压缩空气的压力要求不高（不超过 0.2MPa），但流量需求较大。

（1）粉剂输送系统

① 系统基本组成：空压机、截止阀、安全阀、输送管路。

② 工作基本原理：低压大排量空压机输出的压缩空气，通过输送管路将粉剂“吹送”至粉料筒仓。完成输送任务的压缩空气，通过筒仓除尘器的过滤，排入大气。

（2）车辆清洁系统

① 系统基本组成：空压机、截止阀、安全阀、输送管路、清洁喷头。

② 工作基本原理：中高压大排量空压机输出压缩空气，通过输送管路及清洁喷头，清洁运输车辆。

3.5.3 供暖及加热

混凝土冬季生产的主要供暖方式，一般有锅炉供暖、太阳能供暖和干热空气供暖。

锅炉一般包括蒸汽锅炉和热水锅炉。在混凝土行业，蒸汽锅炉的使用占据主流，为保障寒冬生产，可提供蒸汽和热水（需经过热交换器完成），实现机组内部保温、骨料解冻化冰、生产热水供给等。热水锅炉在骨料解冻化冰方面难以满足生产需求。北京市行政区域内一般采用燃气锅炉为主、电能和太阳能为辅的方式。新建燃气锅炉的排放要求为 $30mg/m^3$，在用锅炉为 $80mg/m^3$，而且标准在持续提高。

光热供暖是将太阳辐射能收集起来，通过与物质的相互作用转换成热能加以利用。目前，使用最多的太阳能收集装置，主要有平板型集热器、真空管集热器、陶瓷太阳能集热器和聚焦集热器 4 种。在混凝土行业，通常是低温利用太阳能，最大限度地生产热水，在用于日常生活的同时，在冬季亦可将富余的热水用于环保设备的用水消耗和商品混凝土的生产。也可采用分布式光伏及其应用方式补充电力供应。

3.5.4 预拌混凝土绿色智能施工

（1）加强混凝土申请的计划性

通过信息化手段实现与预拌混凝土站点的实时联系，掌握混凝土运输的信息，合理安排劳务队伍。

（2）根据工程实际情况采用合理的浇筑方式

采用合理的浇筑工艺，如泵送、吊斗、自卸、溜槽等。溜槽是目前比较环保而且实用的浇筑工艺。溜槽是由罐车直接卸到槽口，卸料过程中可减少遗撒。与泵车泵送相比，溜槽输送量较大、效率高、噪声少，可减少噪声污染；而且溜槽工艺，不需要燃油辅助，可减少大气污染；溜槽是由罐车直接卸到槽口，卸料过程中可减少遗撒，保护环境。另外，通过信息化能随时监测到工地现场的浇筑状态，搅拌站可以根据浇筑部位及浇筑过程出现的堵泵、爆管、跑模、监理测试等原因进行设置浇筑频率，达到随时调整车辆需求的目的，避免断灰和过多的压车。

（3）加强运输、现场管理，杜绝加水等违规操作

卫星定位系统全覆盖运输过程，包含罐体正反转的提示，能够正常显示罐车的运行状态是前进、卸灰还是返回状态。混凝土到现场后及时组织现场工人进行卸灰浇筑，减少混凝土在现场的等待时间从而避免坍落度损失过大。同时在罐车加装卸料摄像监控，能够随时监控混凝土的质量情况，然后及时反馈到搅拌站调整混凝土技术指标，从而杜绝现场加水现象。

（4）加强节材管理

加强浇筑过程的配合与沟通，采用通信手段进行沟通，减少现场落地灰。出现了混凝土落地灰要及时清理。用于地基和路基的埋填材料，可根据现场需求采用一定量的再生骨料混凝土，提高绿色清洁效果。对混凝土的剔凿、钻孔作业等采用喷雾器降尘。减少现场临时用地，安装自动喷淋设施，减少现场湿作业和扬尘。

（5）加强环境保护

成立场容清洁队，每天负责清扫场外周围 20m 以内及场外交通道路向外延伸 100m 区域内的清洁保洁工作，并洒水降尘。现场配备专门的洒水设施，设专人每天早晚对现场道路进行清扫工作，并洒水降尘，以防止车过尘起。当风力在 4 级以上时，停止土方施工。

在出场大门处设置车辆轮胎清洗冲刷台，并设专人协助车辆清洗工作。车辆在冲刷台有效清洗且轮胎上无泥垢后，方可离开现场，以防止车辆携带泥沙出场而污染周围道路。

（6）提高与站点的信息化数据交互

浇筑申请、过程车辆监控、工地内视频监控等信息化管理与搅拌站保持信息衔接，从而实现工程量线上结算。

4 绿色生产典型案例

北京市预拌混凝土行业经历了从粗放型向绿色、低碳、智能、高质量发展的过程。行业在政府的推动和引导下，技术水平、管理措施、综合利废、绿色生产有关的工艺改造等方面取得了初步的成绩，本章介绍了部分典型搅拌站点绿色改造项目的工作及效果。

4.1 案例一

该站点始建于2009年11月，建设初期投资2000余万元，总占地面积29428m^2，总建筑面积6745m^2，拥有两条3m^{3}预拌混凝土生产线，如图4-1所示。2013年6月生产线正式投产使用，经过近几年的不断升级改造，已打造成一座集绿色化、规模化、信息化为一体的绿色站点。

图4-1 厂区现场

4.1.1 绿色生产改造措施

（1）搅拌楼、粉料罐、物料输送系统全封闭改造

该公司配备两条全封闭的自动化精密预拌混凝土生产线，2016年北京市预拌混凝土行业还未全面实施全封闭措施时，该公司在绿色生产改造工作上主动作为，先行创新，投

入 270 余万元将搅拌楼、粉料罐、物料输送系统全部封闭，如图 4-2 所示，减轻了现场生产设备噪声和粉尘排放污染，打造了全封闭工厂式绿色环保预拌混凝土搅拌站。

图 4-2　搅拌楼、粉料罐、物料输送系统全封闭

（2）砂石储料大棚全封闭

建设了钢筋混凝土结构高 7.5m、起拱 11.5m 的砂石储料库，并加装全封闭钢结构波纹屋面，配置全自动软质卷帘门，所有砂石料全封闭存放，有效抑制了厂区粉尘排放，如图 4-3 所示。

图 4-3　砂石储料大棚全封闭

（3）地面硬化持续提升改造

2014—2019 年每年不同程度地对厂区内破坏的地面进行修复，达到厂区内除绿化用地外，全部地面硬化处理，有效抑制扬尘产生。

（4）喷淋设施改造升级

2015 年在砂石储料大棚上料仓全范围安装喷淋降尘装置，以防止上料时物料落差产生的扬尘；2016 年为全面控降料场内扬尘产生，大棚 4800m^2 安装全覆盖式高压雾化喷淋设施，如图 4-4 所示，经过微米精密水质过滤器过滤，利用高压泵将水从喷嘴雾化喷出。雾化颗粒漂浮在周围空气中，与空气中的粉尘颗粒融合，在自重的作用下掉落，从而达到增加空气湿度、降低环境温度和砂石产生的粉尘等多重功效。

厂区内安装 3 处高压旋转喷头，如图 4-5 所示，射程 20m 远 360° 旋转，覆盖面积 4000m^2，大大提升了室外无组织粉尘排放的防控，使空气质量大幅提高。

图 4-4　料场高压雾化喷淋

图 4-5　高压旋转喷头

（5）洗轮机改造升级

对洗轮机进行了提升改造，改造后的洗轮机加大了冲洗压力，使用 180° 旋转喷头，加装了计时道闸，保证了冲洗时间，确保出厂车辆车轮及底盘冲洗干净，如图 4-6 所示。

图 4-6　高压车轮冲洗设备

（6）信息化系统

生产控制系统及办公自动化平台采用自主研发的技术，网络和设备通过逐年的升级与维护，改善了以往的复杂工作模式，如图 4-7 所示。2014—2016 年，升级了生产控制系统，运用网络与云服务器通信，实现了精准计量和全自动化生产，云计算生产方量和产量，增强了集中管控和远程操控。

2016年年底，大力推动网络升级改造，采用联网，通过划分VLAN做网络物理隔离，生产和办公互不干扰，生产区采用双网络，网线和无线4G双网汇聚，如出现故障，4G网络瞬间接入，持续保持生产的稳定性。

2017—2019年，公司持续对生产控制系统与计量设备进行升级改造，网络与设备更新为千兆，解决了由于日益增多的终端设备而造成的卡顿问题。

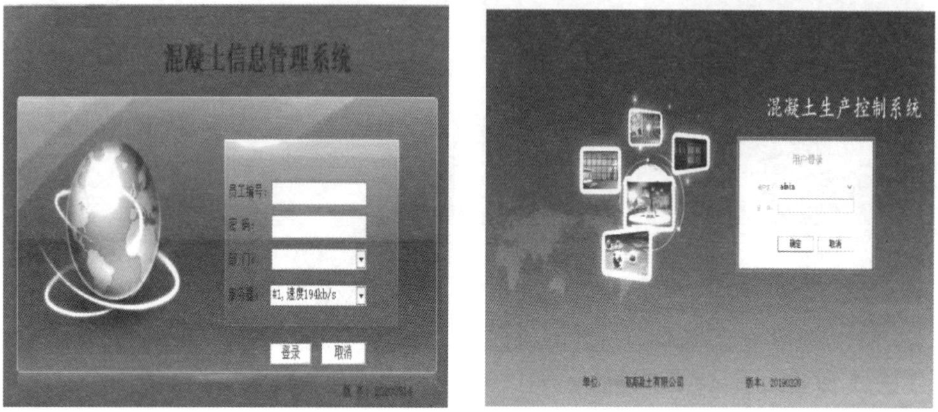

图4-7　办公自动化平台、生产工控系统

（7）车辆更新管理

① 2015年，新购国Ⅳ混凝土搅拌车28台，新购车辆全部安装尿素后处理系统，大幅降低了氮氧化物的排放。自带的OBD车载自动诊断系统（图4-8），能在车辆运行过程中实时监测发动机电控系统及尾气排放超标现象，如发生异常工况可以迅速准确地开展维修，对尾气监测及排放起到了有效的控制。

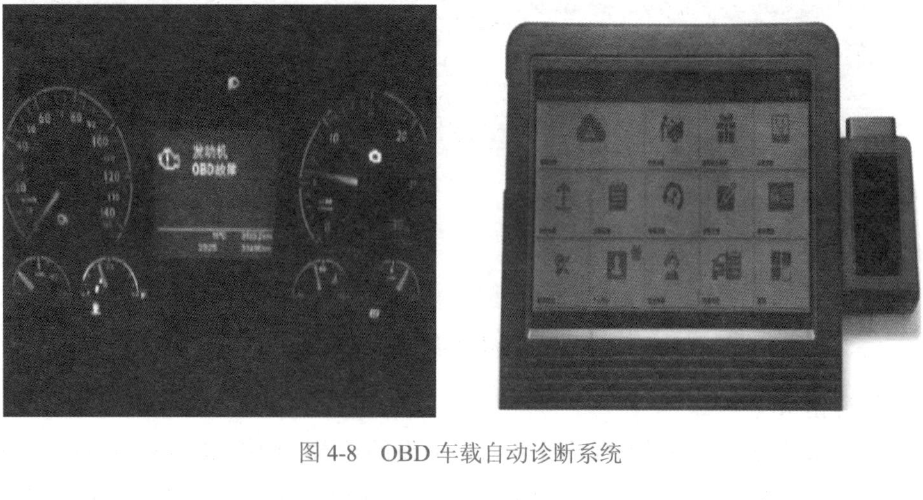

图4-8　OBD车载自动诊断系统

② 2018 年，购置湿扫吸尘清扫车，如图 4-9 所示。该车结合混凝土搅拌站厂区地面积尘特点，选购湿式清扫，将地面的泥灰吸附进入箱体内，提高地面清洁程度，对厂区内控降扬尘发挥了重要作用。

图 4-9 湿扫吸尘清扫车

（8）装载机械更新

2013 年购置两台国Ⅱ阶段排放标准的装载机，为了提高装载机的尾气颗粒物排放标准，按照北京市非道路移动机械排放要求，2018 年更新购置了两台国Ⅲ阶段排放标准的装载机，低能耗、低污染、低排放装载机的使用进一步推进了公司尾气排放防治工作的进一步发展。

（9）收尘设备改造

建设初期各粉料罐收尘为原设备厂家配套的仓顶收尘器，面积过小，收尘达不到预期效果。2015 年更换为筒仓仓顶袋式脉冲收尘器，增大了滤芯收尘面积，提高了仓顶的收尘效率。结合使用安全性能及收尘效果综合考虑，于 2019 年将仓顶袋式脉冲收尘器统一改造成落地式集中收尘系统，对粉尘可以有效回收，减少对大气产生的影响，同时方便巡检、维护、更换滤芯，如图 4-10 所示。

（a）改造前袋式脉冲收尘器　（b）改造后落地式集中收尘器

图 4-10 改造前、改造后收尘器对比

（10）料位指示报警

为快捷、精准地掌握粉料筒仓内料位情况，利用信息化手段改变传统人工敲仓粗略判断料位的情况，2015 年引入雷达料位计来监测筒仓料位，实际使用中发现因粉料挂壁，易引起数据监测不准确问题。2019 年通过市场调研，更新为导波雷达料位计，如图 4-11 所示，料位达到限高值立即报警，高精度、高分辨率，可连续准确测量，比使用雷达料位计更方便、更可靠，并实现了消耗与生产数据可视化。

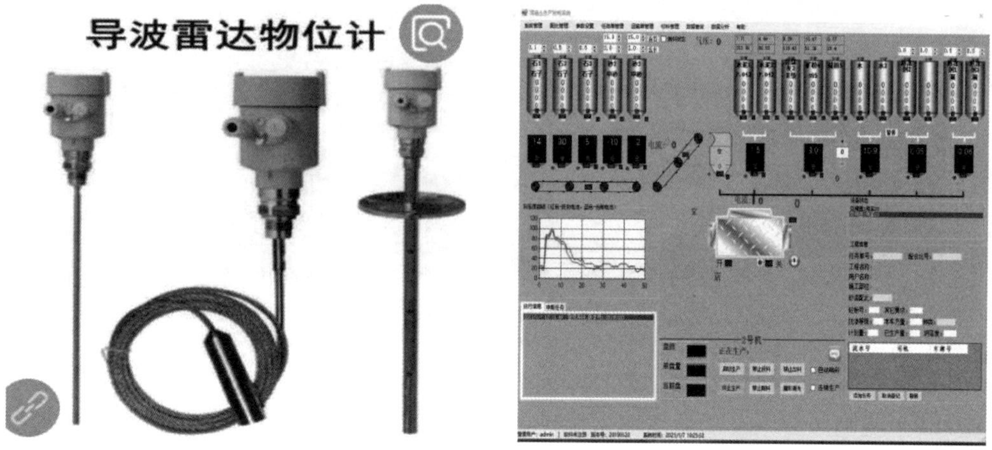

图 4-11　导波雷达物位计、料位终端可视化

（11）车载吹灰噪声控制

2019 年 6 月该公司投入 11.4 万元配置了电机功率低、噪声低、效率高的低压永磁螺杆空压机（图 4-12）。低压永磁螺杆空压机粉料输送系统可以很好地解决以上环境和安全问题，为混凝土生产创造更环保、更安全的工作环境，并且料位控制系统和超压保护系统的完美结合，保证系统在超压状态时能自动检测、提前预警、释放压力或自动停机，同时避免了因超压而引发的爆管、爆仓、爆除尘器等安全环保事故。

图 4-12　低压永磁螺杆空压机

（12）视频监控系统提升

2019 年 6 月，该公司对视频监控系统进行了全面升级改造，如图 4-13 所示。一是在安全环保隐患较大及重点污染源位置加装了 16 个摄像头，厂区内无死角监控，并提升了硬盘存储空间，保存时间由 1 个月升级到 3 个月。电子视频监控系统通过改造升级，助力厂区内安全环保的精细化管理，不断提高标准化和规范化水平。二是生产监控系统进一步升级改造，加装 32 个摄像头，对操作室与搅拌机远距离操控起到了影像支撑的关键作用，全面实现生产过程全部网络可视化监控。

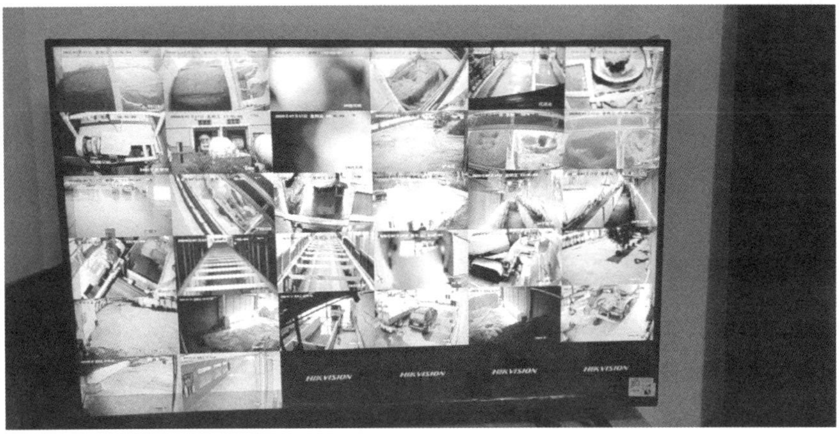

图 4-13　视频监控系统终端

（13）中控室智能改造

2019 年，该公司将传统操作在搅拌楼内打灰下移至综合办公室，如图 4-14 所示，与调度室合并，将调度职能和操作职能优化集成，有效杜绝了搅拌机噪声和粉尘对操作岗位的极大影响，又将生产与调度工作有机结合，既实现了对职业健康的防护，同时又提高了生产输出效率，打破了传统的搅拌系统操作模式。

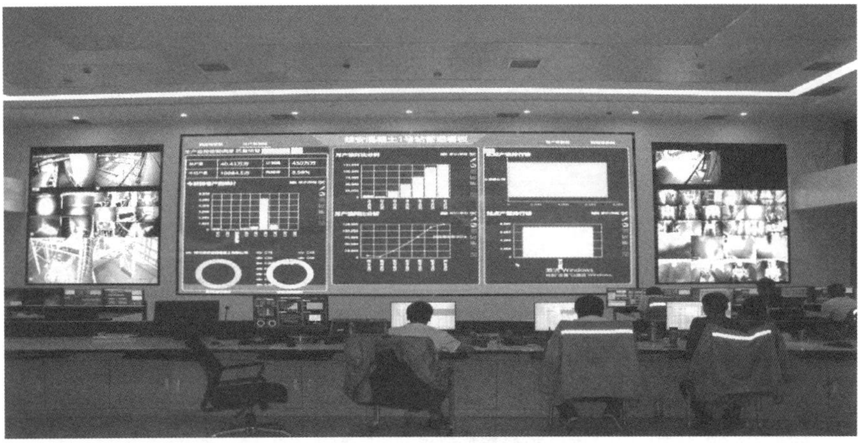

图 4-14　改造后的中控室

（14）标准化车间（搅拌机生产车间）改造

该公司对搅拌机生产车间进行了提升改造，二层地面采用聚脲地坪施工，墙面安装美岩板，安装吊顶及防火门，如图 4-15 所示。搅拌机层的改造规范了生产操作及管理水平，持续推进标准化工作流程，全面提高科学管理。

图 4-15 标准化车间（搅拌机生产车间）改造

（15）砂石分离机改造

建设初期，引入滚筒式砂石分离机对剩退灰进行砂子、石子、浆水分离处理。因浆水沉淀产生的固体废弃物较多，对砂石分离机设备进行了升级改造，根据分离特点，购置了直线式振动砂石分离机，如图 4-16 所示，分离出的浆水含泥量严格控制在 6% ～ 8%，满足生产用水的要求，再次循环利用。这样不仅生产用水节约了，而且大大降低了厂区内固体废弃物的产生。

图 4-16 直线式振动砂石分离机

（16）新建一体化生活污水处理设备

2015 年，该公司引入一体化生活污水处理设备，该设备采用 MBR 工艺处理生活污水，如图 4-17 所示，经处理后的水达到一级 a 标准，厂区内处理过的生活污水全部回收再利用。

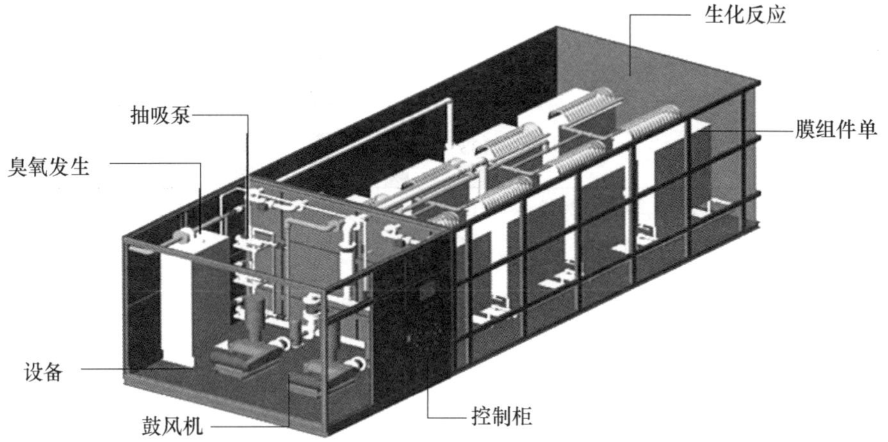

图 4-17　一体化生活污水处理设备

（17）门前三包

厂区门口做到门前三包，即包卫生、包绿化、包秩序。对门口地面进行硬化处理，聘请专业团队设计厂区门口绿化并及时维护，出入口 200m 范围内的道路及时进行清理、洒水降尘，切实降低道路扬尘负荷，保持干净清洁的环境卫生，如图 4-18 所示。

图 4-18　厂区门前三包

4.1.2　绿色环保改造项目资金筹措情况

建厂初期投资 2033 万元，2009—2019 年绿色环保改造 17 项主要投入，共计 2357 万元，全部资金来源于企业自筹，如图 4-19 所示。

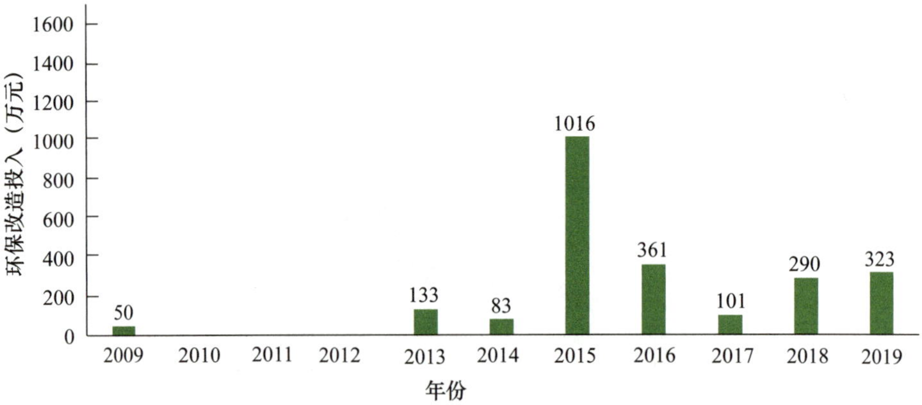

图 4-19　2009—2019 年绿色环保改造项目投入

4.1.3　固废资源化利用情况

（1）本项目主要包含两项内容

① 粉煤灰替代一定量水泥。

② 尾矿废石、再生骨料替代天然砂石。

（2）资金筹措方式

2009—2019 年所需资金 26605 万元，全部资金来源于企业自筹。

（3）利废情况

2009—2019 年固体废弃物利用情况，如表 4-1 所示。

表 4-1　2009—2019 年固体废弃物利用情况

固废品种	利废数量（万吨）
粉煤灰	11
尾矿废石	313
再生骨料	0.094

4.1.4　经验总结

利用废弃资源生产混凝土是国家鼓励的行为，有效促进了行业可持续发展，使用粉煤灰替代部分水泥，使用尾矿、再生骨料替代天然砂石骨料，国家、行业和地方相继出台了相关标准规范，技术层面可行，实际应用日趋成熟，做好粉煤灰、尾矿废石、再生骨料的进厂质量验收，把控材料品质是关键，性能稳定、质量合格的废弃资源，可以大规模应用在实际生产中。

该公司 10 年间的绿色发展始终坚持政策引导，环保改造项目过程全面围绕《预拌混凝土绿色生产管理规程》进行设计实施，搅拌主机楼、粉料罐、物料称量系统、物料输送系统、物料贮存系统及其他附属设施全封闭作业，生产设备低碳节能、低噪声、低排放，废水、废渣可循环利用，达到预拌混凝土产品生产组织全过程、物料转化全过程的绿色生产及零排放，全面实现绿色、低耗、智能化生产。公司在 2014—2019 年绿色规程检查中均取得优秀成绩。

4.2 案例二

该公司 1970 年成立，于 1994 年重组后迁入现址，如图 4-20 所示，项目建设初期投资 2000 余万元，总占地面积 20000m^2，总建筑面积 8700m^2，拥有两条 3m^3 预拌混凝土生产线。

图 4-20 厂区现场

4.2.1 绿色生产改造措施

1. 搅拌楼生产系统相关改造

（1）搅拌楼、粉料罐、物料输送系统封装改造

1994 年建站时，该公司已经将搅拌楼、粉料罐和物料传输系统整体封装。2014 年更新换代搅拌机，在原有整体封装整修后可以继续使用的情况下，又将搅拌楼重新封装。

（2）粉料罐除尘设备改造

原本粉料罐顶配备的除尘设备为振动式除尘器，需要对设备采用人为控制振动除尘，容易发生漏振污染环境。2015 年将粉料罐顶 14 个振动式除尘器全部更换为欧洲进口的脉冲反吹式自动除尘过滤器，如图 4-21 所示，更换后除尘器通风量将提高 2 倍，过滤面积提升 1.5 倍，粉尘过滤效果达到 100%，有效杜绝了粉料上料对环境的影响。

图 4-21　改造后的脉冲反吹式自动除尘过滤器

（3）粉料罐料位显示报警

2018 年对罐顶进行全面除锈抛光刷漆，方便每日清扫，消除扬尘隐患。同时在粉料罐顶增加旋阻式料位系统（图 4-22），配合声光报警器，当粉料高度触碰到旋阻料位时，声光报警器启动报警，提示工作人员尽快关闭上料阀门，杜绝粉料外泄的情况。在搅拌机料位显示的基础上，增加一套可供材料人员远程观看的粉料仓料位显示仪表，使搅拌机操作人员和粉料上料管理人员可同时了解粉料库存情况，对粉料上料的情况实时监控，为防止出现冒灰情况加了双保险。

图 4-22　料位远程显示和料位报警系统

2. 砂石储料仓全封闭

2000年，该站点将砂石储料仓全封闭，如图4-23所示，建造了两个长70m、宽20m的储料仓，底部侧墙为钢筋混凝土，仓顶全部采用高强度结构彩钢板，除了卸料上料，所有砂石料全封闭存放，有效抑制了厂区粉尘排放。

砂石料仓于2015年加装飞机库专用电动升降折叠式密闭门，配合水雾化降尘系统来达到控制环境污染的效果。密闭门的幕布是柔性大门专用布，是具备防火、防风、防雨、防腐、防尘的高密度专用幕布，如不发生人为破坏，使用寿命可达20年之久。幕布柔软方便折叠，无噪声，因其运行灵活，相比其他材料轻巧，起降速度快。幕布式材质，较其他材质薄，节约了材料，使提升空间加大。因此，起升高度比使用其他材料高，方便了砂石运输车的进出，同时仓内设置高防撞报警装置，防止运输车辆撞击料仓大门，有效保护车辆及料仓安全。

图4-23　砂石储料大棚全封闭

3. 地面硬化持续提升改造

该公司地面由于年久自然开裂，容易积存尘土，因此，请专业公司对破损路面进行大面积修补，采用专业的补缝剂，修补后不易二次开裂或脱落，修补后的路面光洁平整无尘，如图4-24所示，可使道路扬尘减少90%以上。同时采用环保型聚氨酯材质对搅拌楼地面进行重新铺设，如图4-25所示，解决生产线老旧地面凸凹不平容易积尘、扬尘的问题。

图4-24　厂区地面修补

图4-25　搅拌楼内地面

4. 喷淋设施改造升级

2015 年拆除砂石储料仓旧的喷水设备，购入安装符合北京市环保标准和节能降耗要求的新型水雾化降尘系统，如图 4-26 所示。在料仓卸料区域形成人造水雾，既润湿骨料又减少作业中的扬尘；在骨料仓大门口加装水雾化降尘系统，形成人造水雾幕布，一年四季都可以对进料卸料生产时偶然遇到的干料进行封闭降尘，有效防止仓内粉尘污染环境。

2018 年为降低扬尘产生，全厂区加装全覆盖式高压雾化喷淋系统，利用水雾颗粒的吸附性，将空气中飘浮的粉尘颗粒带落到地面，具有增加空气湿度、降低环境温度和减少砂石粉尘等多重功效。

为有效降低混凝土搅拌车行驶中造成扬尘污染，在 2019 年新购置车辆前端加装 6 个喷头，在行车时能有效降低路面的扬尘，大大降低了发生扬尘污染的可能（图 4-27）。

图 4-26　料仓水雾化降尘

图 4-27　车辆喷淋系统

5. 智能信息化管理系统

2002 年该公司已经开始使用自主研发的自动化办公平台和智能生产控制系统，2012 年同软件公司合作，更新为现在使用的 ERP 系统，并且将车辆视频监控和实时定位功能加入生产调度系统。2019 年车辆更新置换时，添加远程质量控制调节功能，设置区域局域网，车辆数据及视频在公司范围内自动上传服务器。信息化管理、智能生产调度和高科技质量控制相结合，开创了混凝土行业转型升级的新模式。

6. 视频监控系统

（1）生产系统

2019 年对视频监控系统进行了全面升级改造，如图 4-28 所示，从原来的 30 多个普通摄像头升级为 80 多个高清摄像头，整个厂区内无死角监控。利用高科技手段提升生产各环节的环保控制，切实提高环保隐患防控能力。

（2）车辆视频

2019 年更新车辆设备时，在车上加装 9 个摄像头，涵盖了前后左右、安全死角、罐内情况和司机状态，如图 4-29 所示，为司机的安全行车创造便利，也给环保隐患监督取证提供了方便。

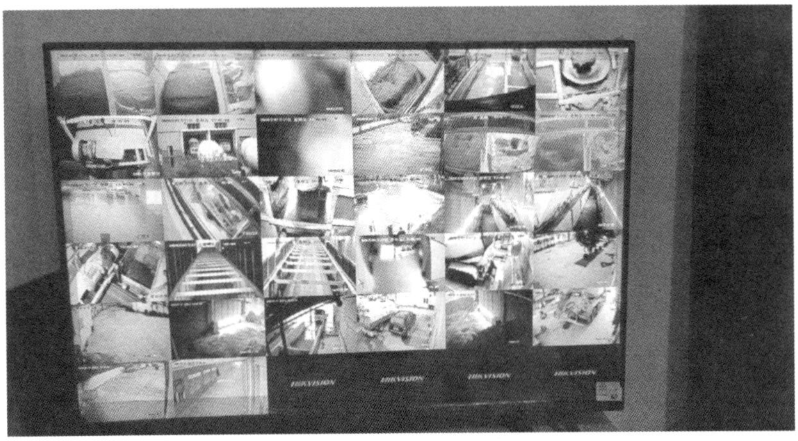

图 4-28 视频监控系统终端

图 4-29 车辆视频监控系统终端

7. 车辆更新管理

2009 年购置国Ⅲ混凝土搅拌车 40 台，这是当时尾气排放低的混凝土搅拌车。2019 年更新车辆，购置国Ⅵ排放的混凝土搅拌车 30 台，自带的 OBD 车载自动诊断系统，实时监测发动机电控系统及尾气排放超标现象，而且 DPF 尾气处理系统可以自动再生循环使用，有效降低车辆尾气对环境造成的影响。同年，更新了湿扫吸尘清扫车，如图 4-30 所示，与原有清扫车相比该车结合混凝土搅拌站厂区地面积尘特点，选配了高压喷水功能，用水少、易清理，有效降低了厂区扬尘污染的隐患。

该公司 2019 年年底完成了与厂家关于新能源纯电动搅拌车的联合研制，如图 4-31 所示。

8. 装载机械更新

该公司 2018 年 3 月购置了两台国Ⅲ标准的铲车，低能耗、低污染、低排放铲车，补齐了该公司环保综合治理的一块短板。

图 4-30　湿扫吸尘清扫车

图 4-31　纯电动搅拌车

9. 锅炉改造更新

2014 年进入供暖季之前，该公司淘汰了老旧的锅炉设施，引进了进口的加热设备，如图 4-32 所示，该设备拥有体积小、能耗低、制热效率高、低排放、安全可靠的特点，完全满足冬季生活和生产供热需求，且燃气消耗仅为更换前的一半。

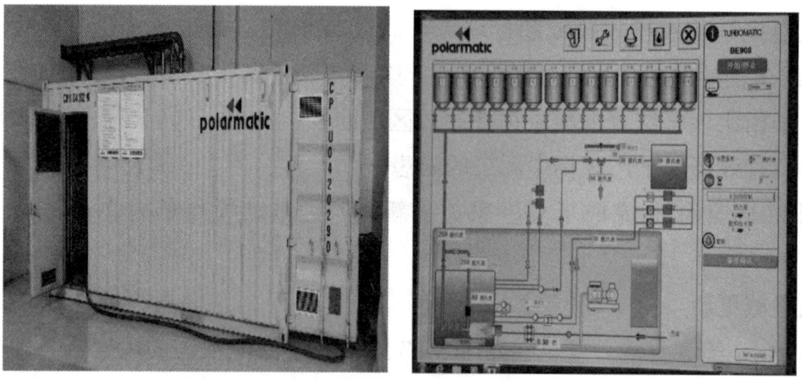

图 4-32　加热设备

10. 循环水设备设施

过去搅拌站生产区废水很难清理，夏季的雨水也都从雨水沟白白流走、运输设备清洗的水储量少，一不小心就会污染环境，该公司的大型多级沉淀池蓄水池过滤循环水设施将收集雨水和清洗设备的废水回收，如图 4-33 所示，使搅拌生产设备和车辆的清洗与生产用水循环使用，彻底消灭工业企业的废水外排和污水二次污染环境的现象发生。

该公司安装高压洗轮机后，使轮胎和底盘始终保持清洁状态，避免了车辆行驶中对路面的污染问题；并且洗轮机与循环水池配合使用，洗轮废水流入循环水池沉淀过滤后再次使用，减少水资源的浪费。

图 4-33　污水处理设备

11. 蜗轮蜗杆空压机

2002 年该公司率先使用欧洲进口蜗轮蜗杆空压机，配备了两台 RC100 用于混凝土生产及配套设施的空气动力，蜗轮蜗杆空压机效率高、能耗低，能有效减少生产过程中的噪声排放。

12. 门前三包

该站点厂区切实做到门前三包，包秩序、包卫生、包美化（绿化），如图 4-34 所示，对门口地面有破损的情况及时进行修复，公司大门两侧各 200m 随时注意保持干净常湿，门前和绿化带内无垃圾杂物。每天安排扫地洒水车清扫公司门前道路，未硬化路面完全苫盖，降低发生扬尘的可能。

图 4-34　门前三包

4.2.2 绿色环保改造项目资金筹措情况

建厂初期投资 2179 万元，2009—2019 年绿色环保改造共有 12 项主要投入，共计 1925 万元，全部资金来源于企业自筹，如图 4-35 所示。

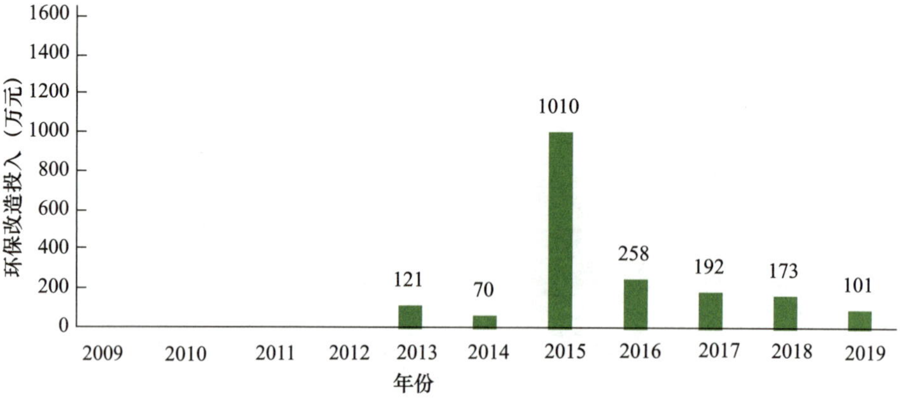

图 4-35　2009—2019 年绿色环保改造项目投入

4.2.3 固废资源化利用情况

1983 年开始，该公司率先在混凝土中掺加粉煤灰代替部分水泥，不仅能降低成本和能耗，而且能提高混凝土的和易性、提高混凝土的抗渗能力、改善混凝土的耐高温性能、减轻颗粒分离和析水现象、减少水化热、减少混凝土的收缩和开裂，以及抑制杂散电流对混凝土中钢筋的腐蚀。

4.2.4 经验总结

该公司在 2014—2019 年绿色检查中取得的成绩均为优秀。通过生产、储存和传输系统的封闭，粉尘的排放减少了 90% 以上，同时也大大降低了噪声对周围环境的影响；通过除尘器的安装更新，以及料位报警装置的设置，排除了粉料跑冒漏的隐患，避免了 99% 以上的粉尘产生；通过对地面的修复，还有喷淋系统的安装，降低了发生扬尘的可能，减少了 90% 以上的扬尘；通过车辆和锅炉设备的更新更换，减少了尾气废气的排放，降低了对大气环境的影响；通过循环水设备的改造，基本解决了废水外排及污水二次污染环境的问题，每年还能节约几十吨的水资源。绿色环保改造是必需的，不过也要根据企业自身特点和实际情况选择更合理化的设计、施工方案及环保产品，才能达到了较好的实际效果。

4.3 案例三

该站点投资 19904.42 万元，主要设施包括固体废弃物料仓、破碎分选车间、成品料仓及附属车间、办公楼等；主要生产设备包括固体废弃物破碎、无机料生产线、预拌混凝土生产线；主要原料是固体废弃物；主要产品有再生无机料、预拌混凝土。项目设计规模为年处理固体废弃物100万吨，两条$4m^3$预拌混凝土生产线，年产再生无机料70万吨。

为促进北京市固体废弃物的资源化利用，该公司在成立之初就秉承高环保要求，建设年处理100万吨规模的固体废弃物资源化处置厂全体系环保产业链。在建设设计阶段充分考虑不同污染源的处理设施和设备投入，建成了集“废水—废气—噪声—固体废弃物—绿化工程”5个板块全面处理的环保处置体系（图4-36）。

图4-36 厂区现场

4.3.1 绿色生产改造措施

（1）砂石储料大棚全封闭

为了有效抑制砂石料储存扬尘问题，减少粉尘对大气环境造成的污染，建设初期按照《预拌混凝土绿色生产管理规程》，建设了钢混结构墙高7m和8m，长度40m，料仓宽度20m左右的9个砂石储料库，并加装全封闭钢结构波纹屋面，配置全自动软质卷帘门，所有砂石料全封闭存放，有效抑制厂区粉尘排放（图4-37）。

图4-37 砂石储料大棚全封闭

（2）搅拌楼、粉料罐、物料输送系统、螺杆空压输送系统全封闭改造

投入 680 余万元将搅拌楼、粉料罐、物料输送系统、螺杆空压输送系统全部封闭，如图 4-38 所示，极大地减轻了现场生产设备噪声和粉尘无组织排放污染，达到了全封闭绿色生产要求。

图 4-38　搅拌楼、粉料罐、物料输送系统全封闭

（3）地面硬化

由于厂区内罐车及砂石料运输车荷载过大，导致厂区内路面质量要求更加严格，建设之初除绿化用地外，地面全部做硬化处理，并对混凝土进行严格的质量控制和养护，有效保障了混凝土路面光滑无裂缝，无浮砂，有效抑制了扬尘产生。

（4）喷淋设施改造升级

2017 年在砂石储料大棚内全方位安装雾化喷淋设施，如图 4-39 所示，经过微米精密水质过滤器过滤，利用高压泵将水从喷嘴雾化喷出。雾化颗粒漂浮在周围空气中，与空气中的粉尘颗粒融合，在自重的作用下掉落，从而达到增加空气湿度、降低环境温度、减少砂石产生的粉尘等多重功效。

为有效降低料仓和厂区内车辆行驶引起的扬尘，2019 年又加装两处喷雾加湿系统，如图 4-40 所示，射程 50m 远 180° 旋转，实现配料仓、料车过道、全部料仓的有效覆盖，大大提升了厂区内无组织粉尘排放的防控。

图 4-39　厂区高压旋转喷头

图 4-40　喷雾加湿系统

（5）信息化系统

生产控制系统及办公自动化平台采用成熟的信息化系统技术，如图 4-41 所示，网络和设备通过互联，采用最新生产控制系统，运用网络与客户端，实现了精准计量和全自动化生产，增强了集中管控和远程操控。

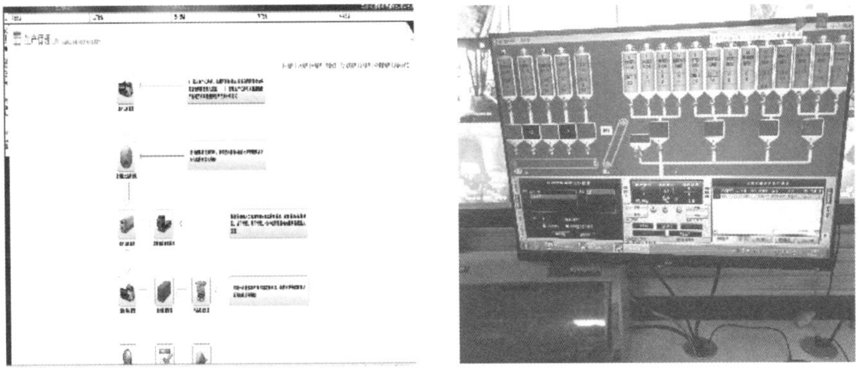

图 4-41　办公自动化平台和生产工控系统

2017—2019 年，持续对生产控制系统与计量设备升级改造，包括更换新型服务器、购置备份硬盘，每日备份核心数据、升级优化生产控制系统等。

2020 年安装智能车辆排队系统，通过与 ERP 软件紧密关联，实现车辆的科学调度，车辆运行效率、车辆安排透明化、减少排队时间等有了极大的提升。

（6）车辆更新管理

2017 年购置国Ⅵ运输罐车（10 台）、清扫车和洒水车，如图 4-42 所示，对厂区内控降扬尘发挥了重要作用。

图 4-42　清扫车、洒水车

（7）采用最新标准装载机械

为了控制装载机的尾气颗粒物排放，按照北京市非道路移动机械排放要求，使用国Ⅲ阶段排放标准的铲车，低能耗、低污染、低排放铲车的使用推动了公司尾气综合治理工作的进一步发展。

（8）收尘设备改造

整个生产全过程配备了完备的收尘系统，如地仓、骨料仓、粉料仓顶、计量层、搅拌层等均设置了自动收尘系统，做到了粉尘有效回收，减少了对大气产生的影响（图 4-43）。

图 4-43　地仓和筒仓负压除尘

（9）料位指示报警

为快捷、精准地掌握粉料筒仓内的料位情况，改变传统人工敲仓粗略判断料位的情况，利用信息化手段，安装自动化料位探测系统来监测筒仓料位，料位达到限高值自动报警，解决了因估量不准而导致的吹灰冒顶问题，从本质上杜绝了粉料筒仓冒顶引发的环保事故（图 4-44）。

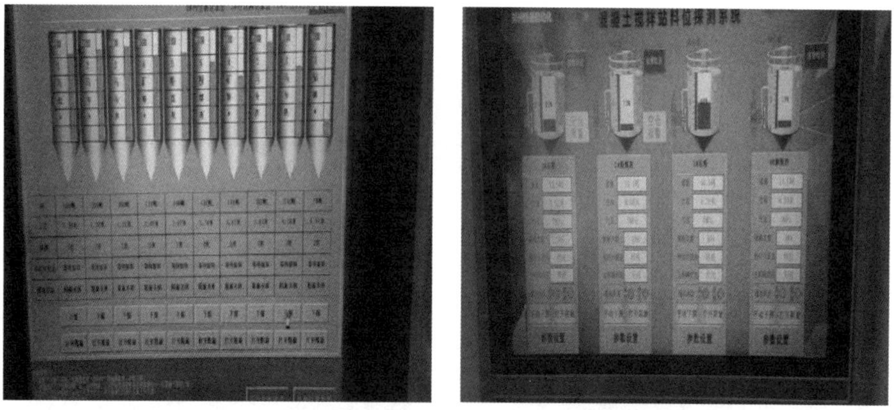

图 4-44　自动化料位探测系统、料位终端可视化

（10）视频监控系统提升

2019年对视频监控系统进行了全面升级改造，按绿色生产要求，新增磅房、粉料吹灰口、粉料仓顶、收尘器、地仓、搅拌楼计量层、混凝土装料区、运输车清洗区、废弃混凝土处理等重点污染部位视频监控、斜皮带等监控设施，全部接入综合控制中心的大屏显示；提升了硬盘存储空间，保存时间由 1 个月升级到至少 3 个月，不断提高标准化和规范化水平（图 4-45）。

图 4-45 视频监控系统终端

（11）生产综合控制中心

2019 年 7 月建成生产综合控制中心，如图 4-46 所示，实现调度、操作、质检联合办公，有效杜绝了搅拌机噪声和粉尘对操作岗位的影响，实现了职业健康的防护。同时保留原有搅拌楼的操作系统和设备，以备出现故障时保障正常生产运营。

图 4-46 生产综合控制中心

（12）剩退灰处理和浆水循环利用综合系统

建厂时即设计建设了完善的回收系统，实现浆水的有效回收利用。采用 YCRP40 型回收系统，清洗罐车，回收混凝土废料，砂、石清洗分离，污水沉淀回收再利用，同时配套泥浆压滤系统，真正实现零排放。

因浆水沉淀产生的固体废弃物数量较大，从 2018 年开始对回收系统进行了升级改造。如图 4-47 所示，一是新增细砂分离机，通过螺旋分选工艺，将 0.2mm 以上的细砂分离出去，减少浆水里的砂含量，提高浆水纯度，更有利于浆水浓度的控制。二是对 3 个沉淀池进行分仓改造，将浆水按顺序分仓存储，生产过程中的废水通过砂石分离机及细砂分离机进行骨料与浆水分离，分离出的浆水流入第二浆水池，再通过调节装置将清水池和第二浆水池进行浓度自动化控制，存入第一浆水池，再由第一浆水池进行生产计量使用，保障生产使用的质量稳定，如图 4-48 所示。

图 4-47　回收系统

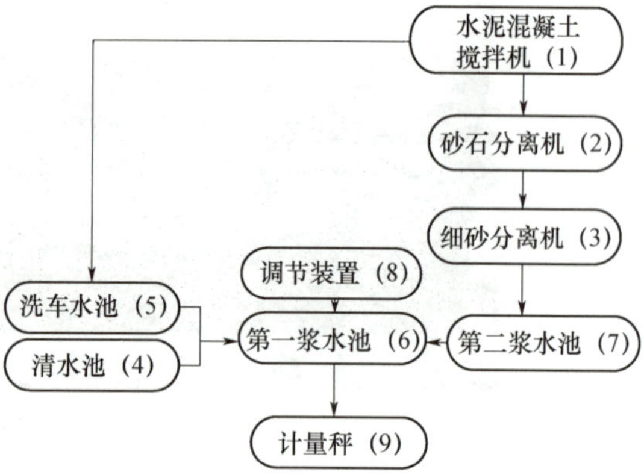

图 4-48　浆水处理系统

（13）废水处理系统

该站点废水排放，如表 4-2 所示；主要废水处理设施及规格，如表 4-3 所示。

表 4-2　本项目废水排放一览

废水类别	来源	污染物种类	排放规律	排放量	处理设施	排放去向
生活污水	员工日常洗浴、餐饮等	BOD_5、SS、COD	连续排放	4.17 吨 / 天	化粪池 + 地埋式污水处理设施	处理后回用于绿化等
搅拌机清洗水	搅拌机	SS	间歇排放		可移动式零排放干湿混凝土回收系统	回用于生产，不外排
洗车废水	车辆冲洗	SS	间歇排放		沉淀池	回用于生产，不外排

表 4-3　污水处理设施一览

项目名称	平面尺寸	参数	备注
地埋式污水处理设施	7.2m×14.0m	处理能力 30 吨 / 天	
沉淀池	9.15m×2.45m	有效容积 25.9m^3，H=−4.20m	洗车废水循环利用
雨水收集池 1	20.6m×25.6m	有效容积 1000m^3，H=−4.70m	
雨水收集池 2	20.6m×25.6m	有效容积 1000m^3，H=−4.70m	
YCRP40 型湿混回收系统	清洗罐车，回收混凝土废料，砂、石清洗分离废水循环再利用		

① 地埋式生活污水处理设施

本项目生活污水主要为员工的日常生活用水，日均排水量为 4.17 吨，生活废水经过化粪池沉淀后，进入地埋式污水处理装置，经过净化后出水水质满足绿化用水标准，回用于厂区绿化及生产回收利用。

地埋式生活污水处理设施位于综合楼北侧，配电室东侧。平面尺寸为 7.2m×14.0m，池深 4.0m，处理规模 30 吨 / 天。生活污水经化粪池处理后排入地埋式生活污水处理设施，处理达标后用于绿化、冲洗地面和混凝土生产。

工艺流程：污水经收集管网收集后首先经提篮式格栅去除污水中的杂物（杂物定期人工清理，栅渣与生活垃圾一并处理），随后污水进入调节池，调节池中设提升泵，将污水提升至初沉池。初沉池采用竖流式沉淀池，主要进行固液分离，初步沉淀污水中的易沉淀悬浮物和泥砂。初沉污泥通过气提进入污泥池进行处理。污水溢流进入厌氧池，池内设水力布水混合装置，污水在池内与回流污泥充分混合，在厌氧条件下积累大量聚磷酸的细菌释放磷，在后续的好氧条件吸收磷，最终在厌氧条件下将磷转移，达到除磷效果。厌氧池的污水进入一级缺氧池，与好氧池回流的硝化液混合，将硝态氮还原为氮气，去除废水中的氮。一级缺氧池的污水溢流进入好氧池，通过控制曝气量使池内保持一定的溶解氧和优良的生物菌群与有机污染物接触反应环境，去除有机物并进行硝化反应。好氧池出水进入二级缺氧池，池内的反硝化菌进一步去除废水中的氮。二级缺氧池出水溢流反应池，反应池内投加除磷剂，对污水进行化学强化除磷，保证出水中总磷达标。反应池内污水进入 MBR 池，通过膜组件进行固液分离。MBR 池中的污泥一部分排入污泥池，另一部分回流至好氧池。MBR 池的出水进入消毒池，采用次氯酸钠溶液消毒，由计量泵投加至 MBR 池抽吸泵进行消毒。消毒池出水达到出水标准后通过提升泵提升至厂区取水阀门井，回用于场地冲洗或绿化，如图 4-49 所示。

污泥池内设污泥消化系统，污泥经过好氧消化减少体积，污泥上清液回流至调节池。消化污泥定期由吸粪车外运处置。

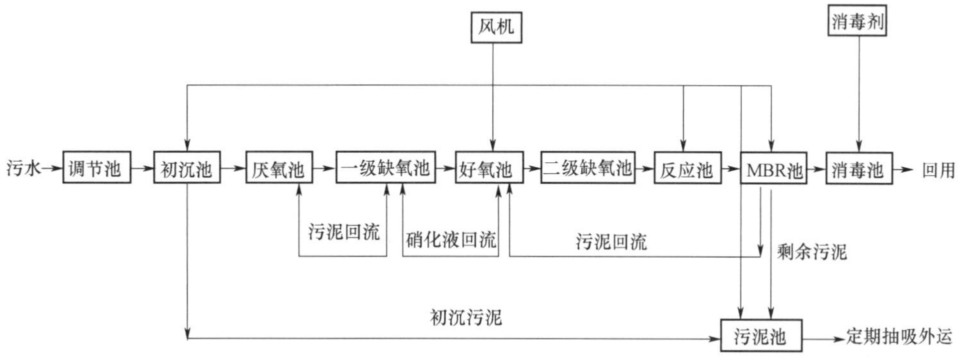

图 4-49　地埋式污水处理系统工艺流程

② 沉淀池

沉淀池及洗车区位于厂区东南角，用于清洗出厂混凝土搅拌车的车轮，并将清洗废水循环使用。洗车区平面尺寸为 4.5m×12.4m，沉淀池平面尺寸为 9.15m×2.45m，池深 4.20m。

沉淀池与洗车区通过 $D300$ 洞连接。洗轮废水通过 $D300$ 洞进入沉淀池沉淀，上清液通过提升泵回用于清洗车轮，排砂泵将沉淀的泥沙提升，车辆通过排砂阀门井装载泥沙，并运至湿混回收装置脱水处理，脱水后泥饼外运处置。另外有一条 DN100 钢管来自厂区给水管网，用于给沉淀池补水，补水管与沉淀池最高液位之间保持 200mm 空气隔断。

③ 雨水收集池

设有两座雨水收集池收集雨水。两座地下式雨水收集池的平面尺寸均为 20.6m×25.6m，池深 4.70m，覆土高度 1.40m，有效容积均为 $1000m^3$。水池顶部设置通气孔，四周设置出地面车挡，如图 4-50 所示。

雨水通过钢筋混凝土管重力流收集，汇入水池内。多余的雨水通过外排潜水泵排至厂外南侧排洪沟。池内设置了排砂潜水泵，泥沙外运至填埋场处置。储存于池内的雨水通过提升潜水泵提升至厂区取水阀门井，可用于道路冲洗、绿化等用途。

图 4-50　雨水收集池

（14）锅炉废气、食堂油烟净化处理

全厂建设燃气锅炉一座，如图 4-51 所示，为厂区冬季采暖及生产生活提供热源。采用液化天然气为燃料。锅炉房选用两台 2 吨 /h 燃气热水锅炉，一用一备，设置两根烟囱，烟囱高度为 15m。锅炉采用加装了涡旋管的低氮燃烧机的低氮燃烧方式。燃气锅炉使用时间为每年 11 月 15 日到次年 3 月 15 日，其间平均每天使用液化气 $1314m^3$。

图 4-51　锅炉房

厂区设置食堂，为员工提供餐食，设有6个灶头，食堂使用液化气，采用油烟净化处理设备进行油烟净化，处理工艺如图4-52所示，确保排放的油烟达到合格标准。

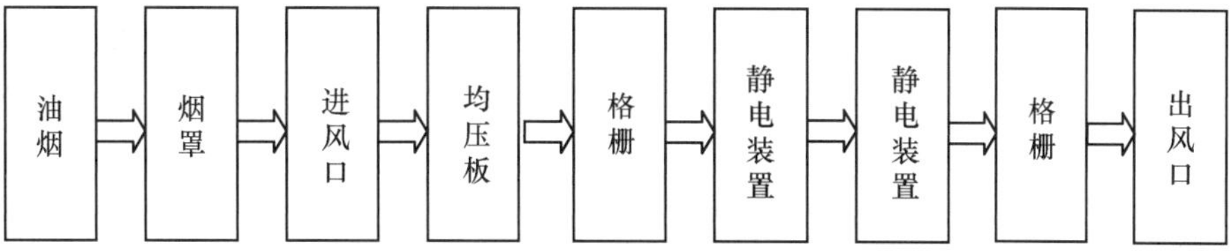

图4-52 油烟净化工艺流程

（15）绿色运输

2019年通过采用铁路运输、电车运输等节能低耗的运输方式进行原材料的输送，如图4-53所示，全年“公转铁”运送总量达32897吨，其中，石子27252吨、水泥5645吨。

图4-53 “公转铁”运输

（16）再生产品应用推广

依托公司破碎单元、无机料单元、商混单元，实现全年消纳固体废弃物的任务。2019年消纳固体废弃物达40万吨，破碎生产出再生细骨料、再生粗骨料部分对外出售，部分再生产品在非主体结构混凝土中得以应用，并将进一步加强科技研发，在主体结构、特种结构等多领域为再生产品的推广应用创造可能。

（17）绿化工程

厂区绿化面积14642m^2，绿化率18.34%。实际绿化措施：整理绿化用地11500m^2，其中，种植乔木、灌木571株，栽植色带932m^2，攀缘植物990株，花卉591m^2，草皮9694m^2，绿化投资共73万元。

（18）门前三包

该站点门前无垃圾污物、污水、碎纸、皮核、杂物、积雪及焚烧物；按要求进行绿化；

没有占道堆放、乱张贴等影响市容秩序的行为。出入口200m范围内的道路及时进行清理、洒水降尘，如图4-54所示。

图4-54 门前三包

4.3.2 绿色环保改造项目资金筹措情况

建厂初期投资680万元，2019年绿色环保升级投入90万元，目前共计投入770万元，全部资金来源于企业自筹。

4.3.3 固体废弃物资源化利用情况

2017—2019年共购买粉煤灰16万吨，资金2560万元；购入100万吨尾矿砂，资金9500万元，由该公司自筹。利用工业固废来替代水泥和砂石骨料，粉煤灰替代15%～35%水泥，综合使用16万吨粉煤灰替代水泥，混凝土产品性能得到改善和提高；通过使用固废材料，减少使用天然砂石资源100万吨。

作为集固体废弃物处理和固体废弃物资源化为一体的固体废弃物资源化处置厂，该公司从生产设备、生产工艺到资源化应用技术，具备完整的产业化一体化实施基础和能力，并具有较高的环保标准，对于实现北京市固体废弃物资源化、减量化，改善北京市整体环境能起到重要的作用，从而将进一步推动北京市固体废弃物处理的产业化进程，具有重大的引领示范作用。这体现了该公司将有限资源实现无限循环的经营理念和环保愿景，也将逐步向社会普及绿色经济、循环经济的可持续发展观念。

4.3.4 经验总结

该公司时刻关注北京市大气治理等环保政策的要求，组织人员深入学习北京市地方标准《预拌混凝土绿色生产管理规程》，熟练掌握各项绿色改造要求，结合公司实际情况，进行了多项改造方案的论证，组织学习交流行业优秀搅拌站的先进经验，在信息化方面进行了大胆的设想和尝试，有效利用信息化手段实现各环节监控和信息采集分析，促进管理快速精细化，提高了管理效率和效果，在绿色生产检查中获得了良好的成绩，2018 年、2019 年均获得优秀的评定。

4.4 案例四

该公司成立于 1980 年，秉承着发展、创新、完善的经营理念。自 2009 年开始对搅拌站管理系统、生产设备、料仓、场内环境进行了持续的改造，并持续对清扫车、洒水车进行了 3 次换代更新，累计完成投资 2300 余万元（图 4-55）。

图 4-55 厂区现场

4.4.1 绿色生产改造措施

（1）全封闭改造

该公司按照北京市地方标准《预拌混凝土绿色生产管理规程》的要求进行封闭改造，封闭改造装效果如图 4-56 所示。对相关粉尘、噪声、泥水等方面也进行了改造。

图 4-56 封闭改造效果

（2）车辆出入口洗轮装置

该公司与2010年在拌和站门口实行运输车辆和办公车辆及人的分流措施，并在运输车辆的出入口设置上下行一体的双车道洗轮设备（图4-57）。洗轮区域宽8m、长12m，保证每台运输车辆冲洗后方可出入厂区，经过冲洗后可有效减少车辆出入厂区对场内和场外路面造成污染，洗轮区域北侧设立3级沉淀，实现水的循环利用。

图4-57　洗轮装置

（3）地面硬化持续提升改造

2012—2019年每年不同程度地对厂区内破坏的地面进行修复，如图4-58所示，对厂区内除绿化用地外，全部地面进行硬化处理，有效抑制扬尘产生。

图4-58　地面改造

（4）骨料堆场的整体封闭，加装料仓自动喷雾系统

2012年对骨料堆场、骨料上料仓和骨料传输皮带实施全封闭，封闭面积5245m^2，2015年在骨料仓顶部增加自动喷淋装置，如图4-59所示，防止了骨料卸料及上料过程中产生的

粉尘排放到外界污染环境，通过在大棚内增加自动喷淋装置可以有效地抑制骨料棚内的粉尘浓度，有效地保护了工作人员的身体健康。骨料储存在封闭的大棚大大提高了骨料的稳定性，特别是夏季汛期骨料含水率的稳定和冬期骨料储存的温度，防止了骨料冻块的出现。

图 4-59　骨料堆场封闭及自动喷雾系统

（5）砂石分离设备及三级沉淀池

搅拌站在生产及运输中需要定期对搅拌机、罐车进行涮罐清理，还有从工地施工退回的无法使用的混凝土。该公司于 2012 年购置两套砂石分离机（图 4-60），将清洗搅拌机、刷罐车和施工退回无法使用的混凝土通过砂石分离机将砂子、石子和灰浆单独分离出来，砂子和石子再用到生产中，灰浆通过三级沉淀后，沉淀出的清水再次用到刷罐和洗轮机中。

图 4-60　砂石分离机及三级沉淀池

（6）刷罐浆体回收再利用

2015 年公司通过检测，每个罐车一次分离出灰浆大约是 1 吨，其固体含量在 10% 左右，泥浆的主要成分为胶凝材料和细砂子。2016 年建立两个灰浆含固量调节池和一个中转池将分离出的灰浆通过控制其含固量代替部分拌和用水，生产低强度等级非结构混凝土，使得灰浆得到再次利用，有效地控制了废弃浆体的排放，实现了分离浆体循环再利用，如图 4-61 所示。

图 4-61　灰浆调节池

（7）收尘装置的升级改造

1999 年建站之初，各粉料罐收尘为原设备厂家配套的仓顶收尘器，时隔 17 年随着混凝土生产效率的提高，原有除尘器面积过小，收尘达不到预期效果。2017 年，将仓顶袋式脉冲收尘器统一升级改造，如图 4-62 所示，提高了收尘效果。

图 4-62　收尘器改造

（8）接灰节流卸料斗

带节流阀的卸料斗如图 4-63 所示，无须频繁调节搅拌机卸料时间，减少操作工作量，可储一盘料，无滴漏，混凝土零落差进入搅拌车，无溢料、不飞溅，搅拌机可全速卸料、智能卸料。

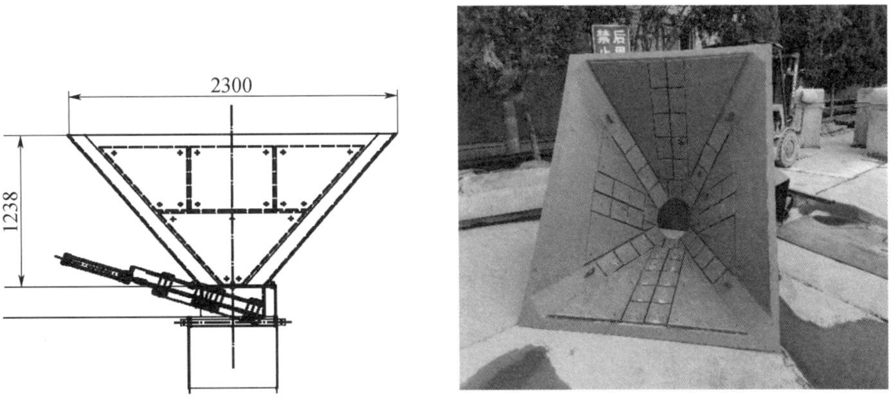

图 4-63 带节流阀的卸料斗

（9）建设空气压缩站，站内气源统一调控，替代粉料车辆原有燃油空气压缩泵

该公司在 2004 年投产了两套管片生产线，配置了空气压缩站，于 2016 年对空气压缩站进行了升级改造，增加了压缩空气储存量，提高了安全性，搅拌站于 2016 年从预制事业部的空气压缩站引出管路到搅拌站各机组，撤掉原有小型空气压缩泵，实现搅拌站生产用气的统一调配。2017 年通过对压缩空气管道的改进，将站内压缩空气引入粉料车的吹灰过程中，替代了原有粉料罐车车载柴油空气压缩泵，如图 4-64 所示，平均每吨粉料可节省 0.23L 柴油的排放，提高了吹粉料过程中的安全性，消除了车载柴油空气压缩泵运行中的噪声。

图 4-64 空气压缩站

（10）对清扫车、洒水车辆持续更新

2019 年配置了负压吸尘车、高压清扫车、高压抑尘车和小型清扫车各一台，累计投资 230 万元（图 4-65、图 4-66）。负压吸尘车可以有效地将地面的粉尘吸干净；高压清扫车可将黏附在水泥路面和柏油满路缝隙的黏土冲刷并吸收干净；高压抑尘车通过高压将水雾化，在节约水的情况起到降尘作用；小型清扫车可穿梭于大型清扫车无法到达的边边角角。集中车辆虽然作用不同但又相互互补，使得站内的路面环境干净整洁，有效地控制粉尘的排放。

图 4-65　洒水车

图 4-66　清扫车

（11）网络信息化系统及监控摄像头全站覆盖

自 2012 年以来，公司集团化管理不断深化，借助网络信息化是实现集团化管理的一个重要举措，2014 年借助 4G 网络可以通过手机查看到公司的整体运营情况。2016—2019 年原有数字模拟监控系统全部更换为数字高清监控系统，在全站布置了 72 个监控点，从搅拌楼的配料平台、生产操作室、混凝土卸料口、骨料配料传输带、粉料吹灰口、分离机、洗轮机、骨料仓等各区域做到全站无死角的监控覆盖，如图 4-67 所示，更换了电子料位计可实时监测粉料库存情况，有效地提高了员工对环境的保护意识，大大减少了原材料进场过程中的跑冒滴漏情况。

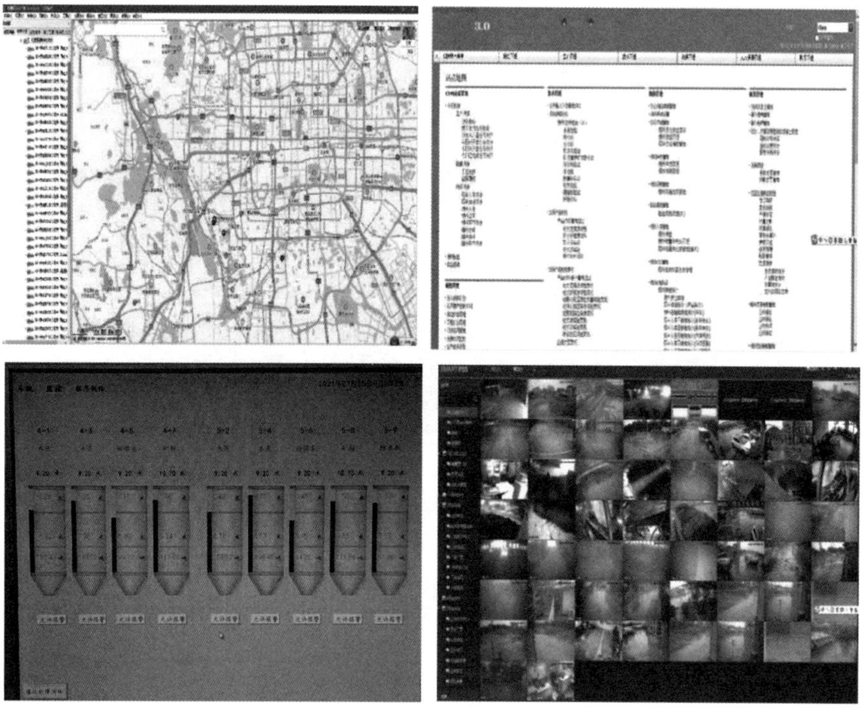

图 4-67　CEM 混凝土及构件运营网络管理系统、监控摄像头、电子料位计

（12）车辆的更新及车辆防遗撒装置的改造和使用

2015—2017 年新购国Ⅳ运输罐车 40 台，累计投入 1700 万元，2019 年对所有罐车的溜槽进行改造，将原有的溜槽拆除更换为带有防遗撒装置的溜槽（图 4-68），防止车辆在装载混凝土和运输过程中出现遗撒现象，对场内环境的保持起到很大的帮助作用。

图 4-68 罐车防遗撒装置

（13）车载影像监控和北斗导航的使用

2017 年将车载定位系统更换为北斗系统（图 4-69），车载定位系统更换后调度员可通过定位系统实施掌控车辆的行驶速度和方向，具备罐体反转报警提醒功能，对因司机失误导致的混凝土遗撒起到很好的警示作用。

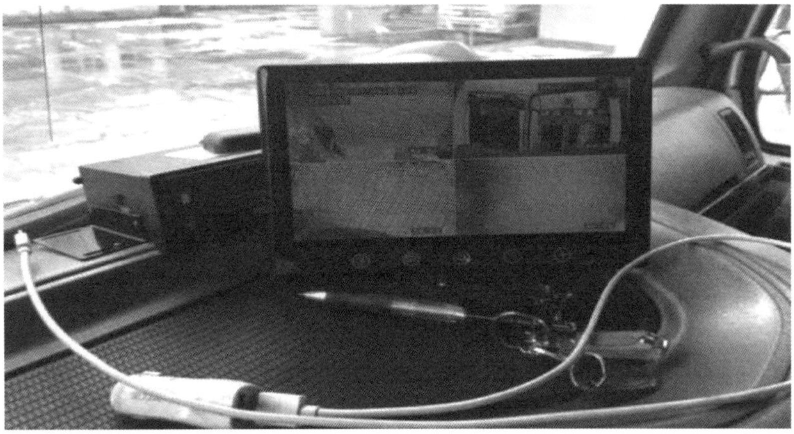

图 4-69 车载影像监控和北斗导航

（14）锅炉煤改气工程的实施

2016 年率先将原有的 3 台烧煤的锅炉改成了 2 台 4 吨的燃气锅炉（图 4-70），共计投入600余万元，保障搅拌站冬季混凝土的生产和办公取暖，燃气锅炉的使用减少了烟煤在运输、储存和燃烧过程中的粉尘及有害物的排放，避免对人身体健康和安全造成危害。

图 4-70 燃气锅炉

（15）门前三包

门前地面做到全部硬化，门前无垃圾杂物、无污水、无污垢、无油渍或严重积尘；做到管护好树木花草和绿化设施，修建花坛并及时清理门前花坛内的垃圾杂物，且对出入口200m范围内的道路进行及时清理、洒水降尘（图 4-71）。

图 4-71 门前三包

4.4.2 绿色环保改造项目资金筹措情况

2009—2019年绿色环保改造共计14项，共投入3185万元，全部资金来源于企业自筹，如图 4-72 所示。

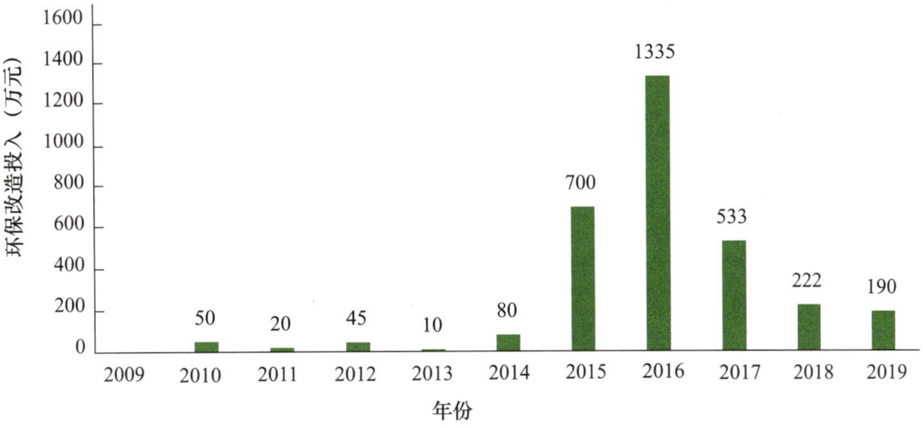

图 4-72　2009—2019 年绿色环保改造项目投入

4.4.3　固废资源化利用情况

（1）粉煤灰替代水泥

混凝土使用一定量的粉煤灰替代水泥能降低综合能耗，有利于粉煤灰固废的消纳，使用粉煤灰替代 20% ～ 45% 的水泥生产混凝土取得良好的效果，产品质量性能更好。公司 2009—2019 年使用粉煤灰 89.79 万吨。

（2）尾矿废石、再生骨料替代天然砂石

天然砂石资源日益枯竭，尾矿堆存造成生态环境破坏，使用再生骨料、尾矿废石部分或全部替代天然砂石来生产混凝土，混凝土质量良好。2009—2019 年共使用 313 万吨尾矿废石，1000 吨再生骨料。

4.4.4　经验总结

（1）绿色、节能、可持续发展永恒主题

不断探索设备、设施的改造和更新换代，实现搅拌站生产全自动、机械化，降低体力劳动人员的使用比例。

更多地利用清洁能源设备取代传统的油、气等不可再生资源，减少不可再生资源的消耗，降低粉尘、废水、废气、噪声、废物的排放。

粉料、砂石料采用“公转铁”和新能源运输车可以使尾气排放量大幅下降，废水、灰浆全部回收利用，真正实现零排放。

（2）借助互联网 +、5G 和手机 App 通信技术，提高企业管理精准度，加快企业发展步伐

开发信息化软件和配套的 App 软件，将合同签订（销售及采购）、材料进场组织、混凝土生产排产、调度物流、客服、财务、人力资源七大核心业务融为一体，实现数据互联互通，节省了企业人工成本、加快了生产运行效率、提高了数据统计的速度和准确性。

4.5 案例五

该公司以传统混凝土板块经营为主、高性能混凝土及新型建材产品为辅，拥有 3 条 $3m^3$ 预拌混凝土生产线。公司在绿色高性能混凝土技术进步和科技创新中不断努力，切实推动首都建筑行业绿色、循环、低碳发展（图 4-73）。

图 4-73 厂区现场

4.5.1 绿色生产改造措施

（1）砂石储料大棚全封闭

抑制砂石料出现扬尘，加装全封闭波纹屋面，配置全自动软质推拉门，所有砂石料全封闭存放，有效抑制了厂区粉尘排放，如图 4-74 所示。

图 4-74 砂石储料大棚全封闭

（2）搅拌楼、物料输送全封闭

按照标本兼治、综合治理、预防为主的工作思路，扎实开展搅拌站环境整治提升工作，减轻现场生产设备噪声和粉尘无组织排放污染，达到绿色生产要求，如图 4-75 所示。

（3）喷淋设施全方位覆盖

对料仓 $1750m^2$ 全面覆盖喷淋系统，共计安装喷头 222 个，并对料仓再次进行修复，达到密不透光，在生产上料时做到及时有效的降尘（图 4-76）。

图 4-75　搅拌楼、物料输送系统全封闭

图 4-76　喷淋设备

（4）地面硬化改造提升

对厂区地面重新硬化、铺设沥青，有效抑制扬尘产生，如图 4-77 所示。

图 4-77　沥青地面

（5）购置环保清扫车辆

购置负压式吸尘清扫车，如图 4-78 所示，结合混凝土厂区地面积尘特点，将地面的泥灰吸附进入储灰箱体内，有效清扫控制了粉尘的飞扬，空气质量得到了有效的提升，减少了大气污染，对厂区内扬尘治理发挥了很重要的作用。

图 4-78　负压式吸尘清扫车

（6）安装 $PM_{2.5}$ 监测装置

建立扬尘在线监测系统，如图 4-79 所示，对粉尘、噪声、温度进行实时监控，快速、准确地测量出空气中的 $PM_{2.5}$ 数值，起到提前告知、及时发现的效果，以便做出相应的整治工作。

图 4-79　$PM_{2.5}$ 监测仪

（7）雾炮机

雾炮机有效降低了进出入厂区车辆扬起的灰尘，增加了空气的湿度，从源头上把控污染源，改善生态环境（图 4-80）。

（8）洗轮机

采用全自动喷射装置设备，在车辆进出厂短时间内清洗车轮上的灰尘，确保车辆不带泥上路，如图 4-81 所示。洗涤后污水可过滤回收到沉淀池，循环利用，节约了水资源。

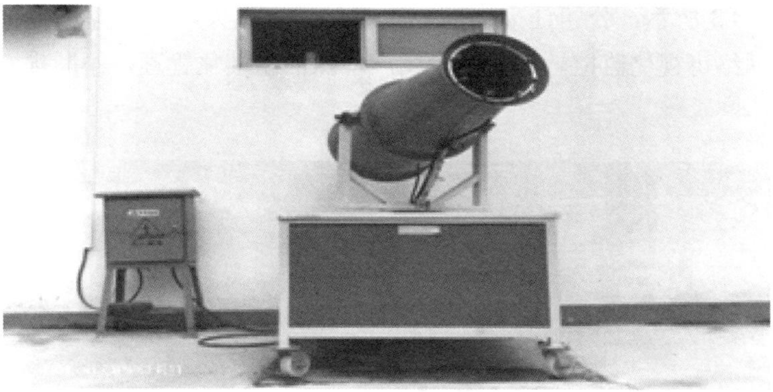

图 4-80　雾炮机

图 4-81　洗轮机

（9）料位指示系统

料位指示仪，如图 4-82 所示，可以监测粉料筒仓内部粉料的高度，实时掌握筒仓内物料的多少，在粉料吹送过程中如达到一定高度时进行报警，避免发生爆仓。

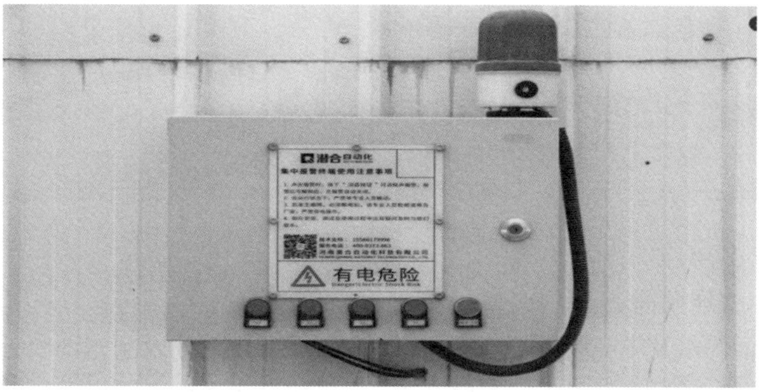

图 4-82　料位指示仪

（10）视频监控系统提升

在生产及办公区域安全环保隐患较大及重点污染源位置加装摄像头，厂区内做到无死角监控，如图 4-83 所示。公司建立中控室，将站内、机关所有影像设备整合，全面实现生产过程全部网络可视化监控。助力安全生产环保的精细化管理，不断提高工作标准化和规范化水平。

图 4-83　视频监控设备

（11）砂石分离机

从生产源头加强控制，安装砂石分离机及浆水回收设备，如图 4-84 所示，通过分离机将清洗罐车的污水及残留在混凝土中的砂石清洗分离，再进行二次利用。分离出的砂石及经搅拌混合后的浆水用于混凝土的生产。

图 4-84　砂石分离机

（12）污水处理设备

为满足生活污水及生产废水不外排，引入一体化生活污水及雨水回收再利用设备，采用循环工艺处理生活污水，回收沉淀后可在厂区洒水降尘及站内绿化再利用。

4.5.2　绿色环保改造项目资金筹措情况

2009—2019 年厂区铺设沥青、购置砂石分离机及浆水回收设备、针对罐车结构自主设计自动洗轮机、搅拌机组整体封装、整体厂区喷淋等绿色环保改造共计 12 项，共投入 3239 万元，全部资金来源于企业自筹，如图 4-85 所示。

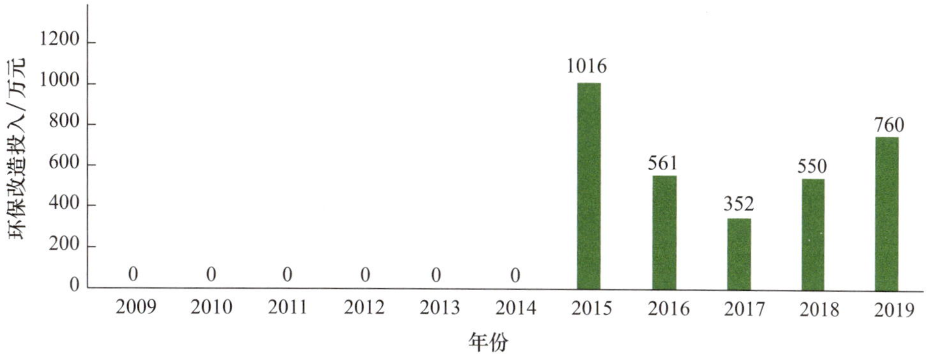

图 4-85　2009—2019 年绿色环保改造项目投入

4.5.3　固废资源化利用情况

（1）本项目主要包含两项内容

① 粉煤灰替代一定量水泥。

② 尾矿砂和废石替代天然砂石。

（2）资金筹措方式

2009—2019 年购买粉煤灰 8.45 万吨，资金投入 1670 万元；购入 214 万吨尾矿废石，0.1 万吨再生骨料，资金投入 18490 万元，由公司自筹。

（3）利废情况

根据混凝土配合比和粉煤灰使用比例，综合使用 8.45 万吨粉煤灰，混凝土整体稳定，采购尾矿砂石共 214 万吨，间接地保护了大量天然资源，固废利用情况如表 4-4 所示。

表 4-4　2009—2019 年固废利用情况

固废品种	利废数量（万吨）
粉煤灰	8.45
尾矿废石	214
再生骨料	0.10

4.5.4　经验总结

该公司的绿色生产改造取得了较好的成效，达到了预期的效果和目标，改造成果是从根源上防治搅拌站点水、气、声、渣的污染问题，同时该公司在历年的检查中都取得了较好的分数和名次，均达到优秀水平。

4.6 案例六

该搅拌站始建于 2001 年 7 月。公司注册资金 3678 万元，净资产 16907 万元，拥有 2 条 $3m^3$ 和 1 条 $4.5m^3$ 预拌混凝土生产线，如图 4-86 所示。

图 4-86 厂区现场

4.6.1 绿色生产改造措施

（1）砂石储料大棚全封闭

2015 年，建设了钢混结构高 7.5m，起拱 11.5m 的砂石储料库，并加装全封闭钢结构波纹屋面，配置全自动软质卷帘门，所有砂石料全封闭存放，有效抑制厂区粉尘排放，如图 4-87 所示。

图 4-87 砂石储料大棚全封闭

（2）搅拌楼、粉料罐、物料输送系统全封闭改造

该公司在绿色生产改造工作上主动作为，先行创新，陆续投入 600 余万元将搅拌楼、

粉料罐、物料输送系统全部封闭，极大地减轻了现场生产设备噪声和粉尘无组织排放污染，如图 4-88 所示。

图 4-88 搅拌楼、粉料罐、物料输送系统全封闭

（3）喷淋设施改造升级

2015 年在砂石储料大棚下料仓范围安装喷淋降尘装置，以防止上料时物料落差产生的扬尘，2017 年为全面控降料场内扬尘产生，安装全覆盖式高压雾化喷淋设施（图 4-89），经过过滤器过滤，利用高压泵将水从喷嘴雾化喷出。雾化颗粒漂浮在周围空气中，与空气中的粉尘颗粒融合，在自重的作用下掉落，从而达到降尘的目的。

为有效降低厂区内车辆行驶引起的扬尘，生产厂区周边全覆盖高压旋转喷头（图 4-90），射程 20m 远 180° 旋转，大大提升了厂区内无组织粉尘排放的防控，使空气质量大幅提高。

图 4-89 料场高压雾化喷淋

图 4-90 厂区高压旋转喷头

另外，在地磅区及进出大门口均设置了雾炮，如图 4-91 所示，有效降低了进出料车刹车、启动带来的扬尘。

图 4-91　地磅区及出入口雾炮

（4）出入口安装洗轮机和门式洗车机

除在大门出口处设置洗轮机外，在骨料仓出口也增设了洗轮设备（图 4-92），避免砂石料车将粉尘带入厂区。而且每个洗轮机均设置三级沉淀池，洗完的水循环利用。

图 4-92　料仓出口及罐车出入口洗轮设备

（5）收尘设备改造

建设初期各粉料罐收尘为原设备厂家配套的仓顶收尘器，面积过小，收尘达不到预期效果。2015 年更换为筒仓仓顶袋式脉冲收尘器，如图 4-93、图 4-94 所示，增大了滤芯收尘面积，提高了仓顶的收尘效率。

（6）料位指示报警

2018 年在原有基础上增加料位高限报警装置，如图 4-95、图 4-96 所示，并将此装置接入磅房，实现联动报警，以便报警第一时间停止吹料。从本质上杜绝了粉料筒仓冒顶引发的环保事故。

图 4-93　主机除尘

图 4-94　粉料仓仓顶除尘

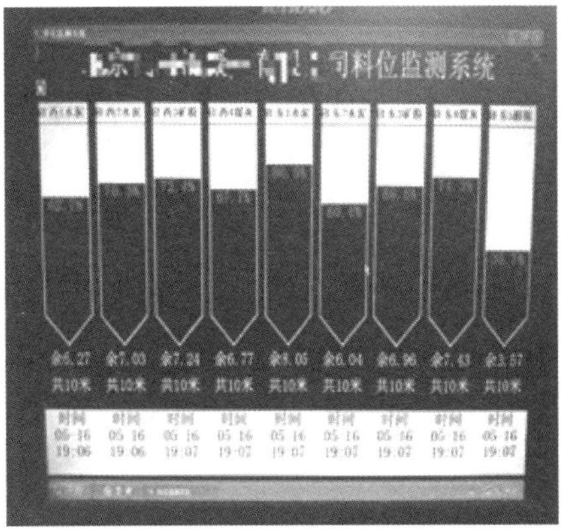

图 4-95　重锤料位计

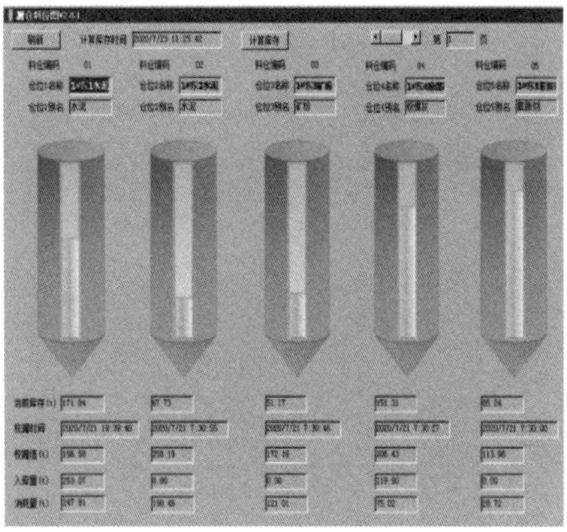

图 4-96　料位终端可视化

（7）配置清扫车和洒水车

2015 年购置的洗扫车如图 4-97、图 4-98 所示，该车是结合混凝土搅拌站厂区地面积尘特点，湿法清扫，以达到地面清洁无泥效果，对厂区内控降扬尘发挥了很重要的作用。

图 4-97　自动洗扫车

图 4-98　环保洒水车

（8）地面硬化持续提升改造

由于厂区内罐车及砂石料运输车荷载过大，导致厂区内路面经常出现破损现象，2014—2019 年每年不同程度地对厂区内破坏的地面进行了修复和重建，达到厂区内地面清洁平整，有效抑制扬尘产生。

（9）砂石分离机改造

建厂初期，引入振动式砂石分离机对剩退灰进行砂子、石子、浆水分离处理。因浆水沉淀产生的固体废弃物数量较大，2018 年对砂石分离机设备进行了升级改造，并加装了压滤设备，如图 4-99 所示，刷罐或剩退混凝土分离后的大部分浓浆水进入压滤机压成饼回用，压滤出的浆水满足生产用水的要求，部分直接泵送至搅拌机再次利用，部分循环用于刷罐洗车，既节约了生产用水，又大大降低了厂区内固体废弃物的产生，真正做到了废水废浆零排放。

图 4-99　砂石分离及浆水回用系统

（10）车载吹灰噪声控制

2016 年开始试用螺杆式空压机吹料，2018 年 5 月购入自带冷却系统的低压粉料输送系统，如图 4-100 所示，采用气力输送，不但可以减轻环境噪声压力，而且能够解决水泥温度高带来的质量问题，在一定程度上减少了剩退灰。

（11）车辆更新管理

2015 年、2020 年新购国Ⅳ运输罐车 10 台和国Ⅵ运输罐车 9 辆，新购车辆全部安装尿素后处理系统，大幅降低了氮氧化物的排放。

2020 年 4 月购置了一台国Ⅲ阶段排放标准的铲车，低能耗、低污染、低排放铲车的使用推动了公司尾气综合治理工作的进一步发展。

（12）信息化系统

2017 年千兆光纤入厂后，持续对生产控制系统与计量设备升级改造，解决日益增多的终端设备造成的卡顿问题。升级了生产控制系统，运用网络与云服务器通信，实现了精准计量和全自动化生产，云计算生产方量和产量，增强了集中管控和远程操控，并实现了云办公，如图 4-101、图 4-102 所示。

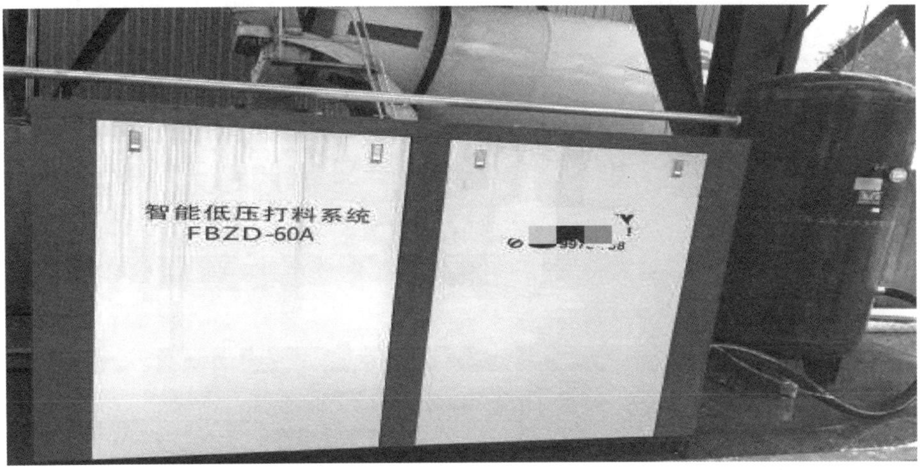

图 4-100　智能低压打料系统

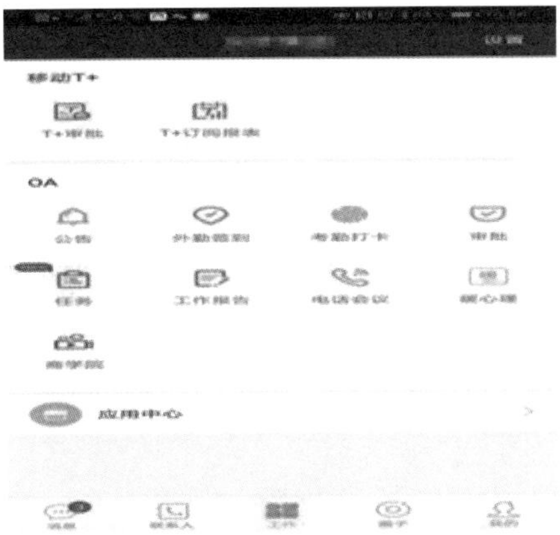

图 4-101　办公自动化平台

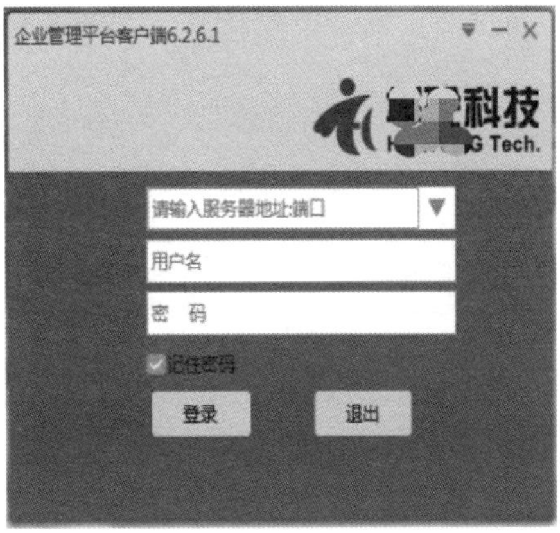

图 4-102　生产自动化管理系统

（13）视频监控系统提升

2019 年 3 月，对视频监控系统进行了全面升级改造，在安全环保隐患较大及重点污染源位置加装了高清摄像头 16 个，各个污染源点位无死角监控，并提升了硬盘存储空间，保存时间由 1 个月升级到 3 个月。电子视频监控系统通过改造升级，助力厂区内安全环保的精细化管理，不断提高标准化和规范化水平。

（14）远程操作

2019 年将传统的操作在搅拌楼内打灰下移至调度室，如图 4-103 所示，形成操作、调度、质检面对面办公，既有效杜绝了搅拌机噪声和粉尘对操作岗位的极大影响，又有效打通了沟通渠道，即实现职业健康防护的同时又提高了生产输出效率，打破了传统的搅拌系统操作模式。

图 4-103　远程操作室

（15）厂区绿化

为提高厂区绿化率，改善工作环境，公司进行了大面积绿化，如图 4-104 所示。

图 4-104　厂区绿化

4.6.2　绿色环保改造项目资金筹措情况

2013—2019 年绿色环保改造共有 15 项主要投入，共计 2520 万元，全部资金来自企业自筹，如图 4-105 所示。

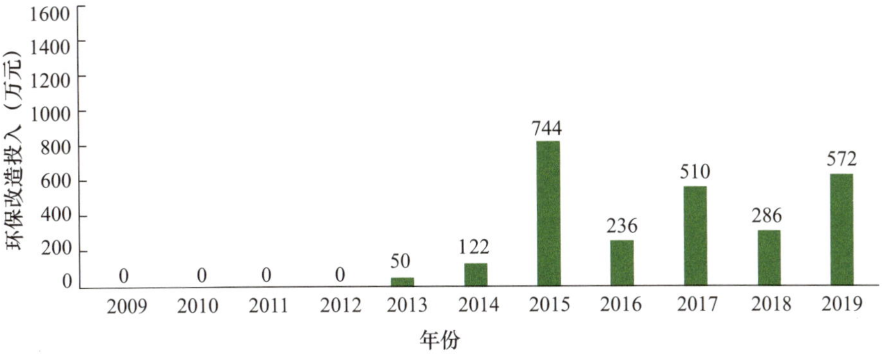

图 4-105　2009—2019 年绿色环保改造项目投入

4.6.3　固废资源化利用情况

（1）本项目主要包含两项内容

① 粉煤灰替代一定量水泥。

② 尾矿废石、再生骨料替代天然砂石。2009—2019 年购买粉煤灰 16 万吨，资金 2320 万元，由公司自筹。

（2）利废情况

2009—2019 年固废利用情况，如表 4-5 所示。

表 4-5　2009—2019 年固废利用情况

固废品种	利废数量（万吨）
粉煤灰	16
尾矿废石	364
再生骨料	1.388

4.6.4　经验总结

该公司遵循北京市绿色生产要求，积极对站内设备进行升级改造，逐步完善污染治理设施，绿色生产改造取得了较好的成效，达到了预期的效果和目标，改造成果是从根源上防治搅拌站点水、气、声、渣的污染问题，使得生产行为完全满足绿色生产要求。

4.7　案例七

该站点建于 1980 年，建设初期投资 3400 万元，为确保冬奥会项目建设及提升搅拌站绿色生产水平，公司压缩产能将 3 套机组搬进企业原有闲置厂房内，建设投资 3000 万元，如图 4-106 所示。

图 4-106　厂区现场

4.7.1　绿色生产改造措施

（1）闲置厂房资源化再利用介绍

① 充分利用了闲置厂房，将搅拌站所有生产环节装进厂房，通过环保改造实现污染零排放。

② 充分利用了闲置厂房原有蓄水井，用水管将厂房雨水管全部串联至蓄水井，再从蓄水井抽到搅拌机水罐用于生产，实现雨水资源再利用，降低了成本。

③ 盘活闲置天车，经过改造安装抓斗，利用抓斗进行堆料和上料，最大限度地减少了装载机的使用量、减少了固定资产投资，充分利用厂房空间，减少了铲车噪声和尾气，大大提高了工作效率。例如，天车 1 斗的抓载能力是 $3m^3$，是铲车的 2 倍多，如图 4-107 所示。

图 4-107　改造天车

（2）工艺介绍

传统搅拌站粉料罐围绕着搅拌站机组依靠高度通过螺旋输送机输送上料，罐顶离地面22m，本次在中板厂房建站最高跨只有16.7m，为克服厂房高度的限制，尽可能地满足生产材料存储需求，减少粉料短缺影响产能的发挥，引入了水泥厂成熟的垂直提升斗输送技术，说明如下。

传统工艺：粉料罐储备→螺旋输送机输送→粉料秤计量→搅拌机搅拌→卸料到罐车。

新工艺：粉料罐储备→底螺旋输送机输送→垂直提升斗输送→顶螺旋输送机输送→中转粉料仓存储→粉料秤计量→搅拌机搅拌→搅拌机成品斗→卸料到罐车。

亮点介绍：

① 引入垂直提升斗输送技术，确保粉料罐降低高度后储备空间不变。

② 增加中转粉料仓存储和搅拌机成品斗，实现了配料、搅拌和卸料同步进行，大大提高了生产效率和产能。例如，原来搅拌一车18m^3混凝土需要12min，现在只需8min。

（3）固体废弃物处置

① 设置容积50m^3的4个污水池和1个120m^3的清水池，污水池安装搅拌器，定时进行搅拌，确保污水不沉淀，厂区内布置多条排水沟，与污水池相连，将厂区内清洗、清扫等污水进行有效的收集，如图4-108所示。

② 安装砂石分离机，将车辆清洗的污水进行有效的分离，将砂、石、污水分别导向固定存放区，砂、石二次利用，污水导向污水池存放。

③ 安装高性能压滤机，可将污水池内的污水含杂物和水进行有效分离。

④ 搅拌机组增加污水称，污水管道、污水泵等污水再利用的相关设施，公司实验室详细地分析了污水成分，并进行了多次添加污水生产的强度试验，确定C40以下的混凝土生产可掺加一定的污水使用，这样基本上能将厂区内所产生的固体废弃物进行二次利用。

图4-108　泥浆池及清水池

（4）噪声处置

① 安装2台10m^3的螺杆空气压缩机，如图4-109所示。螺杆空气压缩机噪声小，供

气量稳定。另外，增加冷却式空气干燥器和 5 个气水分离器，确保供应的气体干燥、低温，能够满足粉料吹送的低气压、高排量和生产线上使用的高气压、低排量的同时需求，利用管线与粉料车连接，确保 3 套生产线的粉料供应在低噪声、高效、无污染的情况下完成粉料输送作业。粉料运输车送料时一律不许使用车辆自带的风机，统一的使用公司配备的气源。

② 搅拌楼采用高密度玻璃纤维夹心彩钢板进行封闭，可以有效地防尘及降噪。

通过以上措施，能够最大限度地降低生产区噪声，能够使厂界噪声达到国家相关管控标准。

图 4-109　低噪声螺杆空压机

（5）粉尘处置

经对整个作业区及设备运转期间的粉尘污染情况进行分析，将各个环节的粉尘污染源都进行了粉尘收集、过滤、再利用的处置。

① 对粗骨料仓上料过程中产生的粉尘使用自动检测浓度降尘设备，如图 4-110 所示，雾化面积能够达到仓表面积的 100%，能够有效地抑制粉尘的产生和扩散。

② 对骨料仓下料至骨料秤过程产生的粉尘，以及骨料在平输送带转运至斜输送带时产生的粉尘进行了封闭，并在底料仓安装了 120m^2 除尘器两台，使用直径 300mm 的除尘管道将各仓粉尘抽吸至除尘器，经过除尘器有效的过滤后排空，除尘器底部安装偏心卸料门，当粉尘在集料斗内堆集一定重量后，自动卸料至斜皮带，随骨料一起进入搅拌机使用。

③ 搅拌楼四层安装两台 60m^2 的高效除尘器，将搅拌机、粉料秤、中间骨、粉料储料仓的粉尘用除尘管道导至除尘器过滤后排空，收集后的粉尘通过回收管道再次进入搅拌机内，在混凝土搅拌过程中消耗。

④ 粉料储料罐顶部分别安装除尘器，收集的粉尘通过脉冲阀吹扫直接回落到粉料仓内使用。

⑤ 斜皮带廊采用优质彩钢板和阳光板配合使用，进行落地全封闭，粉料仓周边用彩

钢进行落地封闭，防止粉尘的外泄。

⑥ 进出厂房的 4 个大门均安装水雾降尘，当车辆进出厂房时，全自动进行水雾化降尘，利用水雾将厂房内与室外彻底分离开，有效地防止车辆行走时将厂房内的粉尘直接带入大气。

⑦ 整体 3 套机组骨料仓安装了高效雾化降尘装置，如图 4-111 所示，生产区域安装雾炮和降尘装置，以及高灵敏度可吸物监测装置，利用监测装置采集数据与降尘装置互锁，当 PM_{10} 达到一定数值时雾炮自行启动，达到整体装置全自动控制。罐车作业区喷淋，如图 4-112 所示。24h 根据厂房浮尘情况进行雾化降尘，覆盖厂房面积达到 90% 以上，彻底解决了粉尘污染问题，如图 4-113 所示。

图 4-110　自动检测浓度降尘设备

图 4-111　料仓喷雾降尘

图 4-112　罐车作业区喷淋

图 4-113　搅拌机组封闭

（6）智能信息化系统

① 人机分离系统

采用人、机分离远程中控室操作模式，如图 4-114 所示，将人员与设备彻底分离，杜绝搅拌机及相关设备的噪声及粉尘对人员身体健康的损害，彻底杜绝职业健康危害。

图 4-114　搅拌机中控室

② 原材料物流控制

提高过磅效率：过磅控制台通过将司磅员的工作集成到一个界面上，提高了过磅效率，降低了劳动强度。物料输送空压机，如图 4-115 所示。

提高货位库存精准度：货位强制换仓避免耗料对应物料名称错误，数据回溯采集保证耗料的准确性，准确的货位库存减少敲仓次数。料位显示，如图 4-116 所示。

为了确保粉料仓不出现满仓溢流、爆仓等高污染现象，每台粉料罐在罐顶处安装了高料位阻旋料位计，并与供气接口直接互锁，当出现高料位时供气管道自动切断气源，同时在磅房无线接收器会发出指定报警，杜绝了粉料输送过程中的高污染现象，料位高限报警。

减少过磅差错率；预防过磅作弊；吹灰口门禁防止吹错料。

图 4-115　物料输送空压机

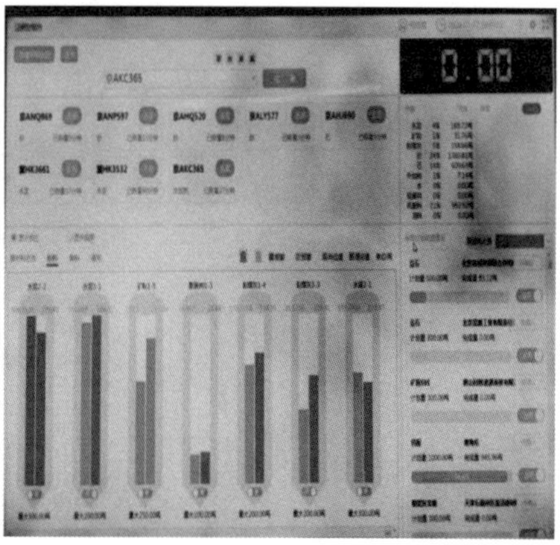

图 4-116　料位显示

（7）混凝土搅拌车物流控制

① 一体化系统实现闭环管理：ERP、工控机、北斗 /GPS 之间的数据互联互通，彻底解决由于系统对接产生的各种数据问题。调度控制系统，如图 4-117 所示；智能管理系统，如图 4-118 所示；生产操作系统，如图 4-119 所示。

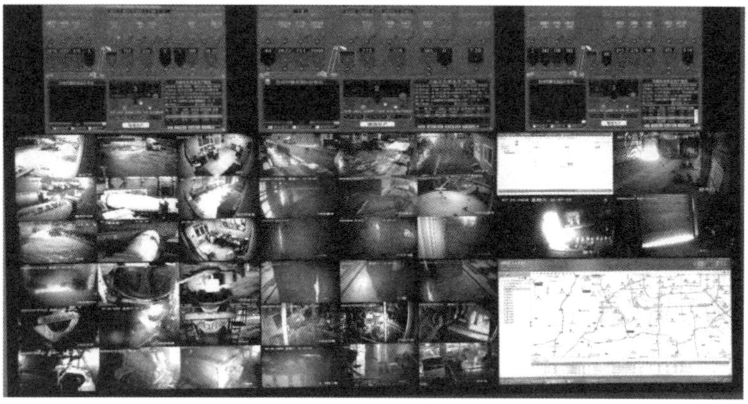

图 4-117 调度控制系统

图 4-118 智能管理系统

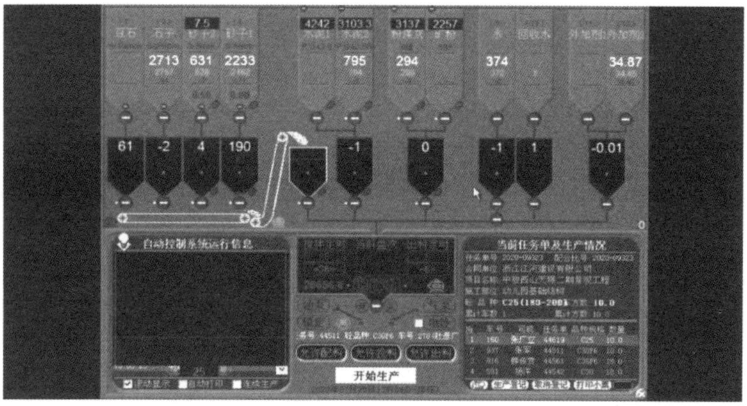

图 4-119 生产操作系统

② 大数据集合提高调度效率：如图 4-120 所示，将每天开盘的工地、标号、数量、时间等信息整合在一个界面，高效便捷协调工地、调配车辆，提高公司的供货保障能力，大数据集合提高了调度效率，降低了劳动强度。

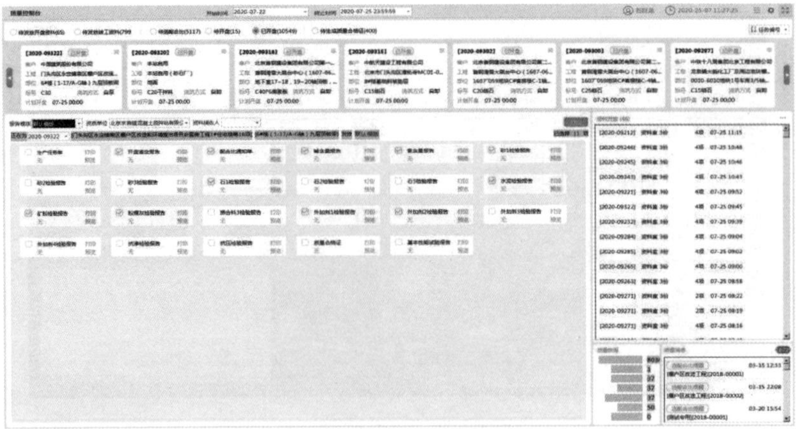

图 4-120　大数据统计

③ 提升对混凝土罐车的监控能力：搅拌车全程状态跟踪，如图 4-121 所示，从参加排队、装货、去程、卸货，一直到回站，全程管理无遗漏。

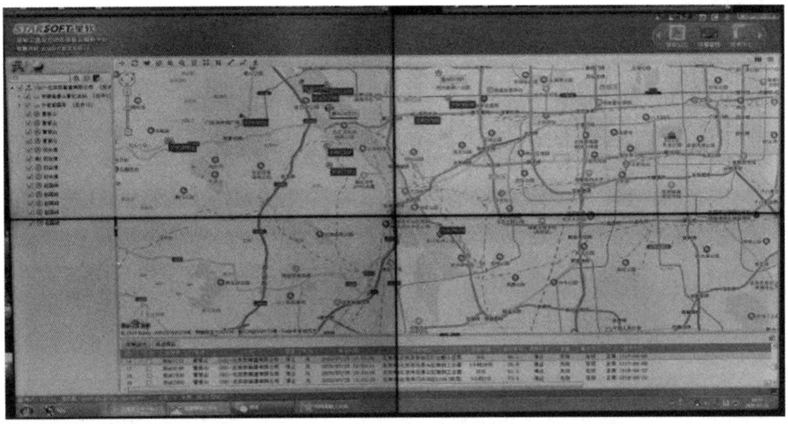

图 4-121　GPS 监控系统

④ 每台混凝土罐车均安装反转报警装置，防止司机出现误操作造成混凝土遗撒，车辆卸料斗安装防遗撒装置，当车辆爬坡或刹车时有效地控制了混凝土溢出而造成的遗撒污染。

⑤ 新建全自动、全封闭车辆洗轮机成套设备一套，如图 4-122 所示，由三级沉淀池、车辆洗轮区、吹扫区、落水区、泵区等组成，利用排水沟将水导入沉淀池，充分地完成水的循环利用，高压清洗车辆轮胎、底盘等区域，吹扫区将车辆水分吹扫干净，避免车辆将水带入道路中，形成二次污染。

⑥ 2018 年新购国Ⅴ排放混凝土搅拌运输车 10 台，新购车辆全部检测合格并安装摄像录屏功能，随时监控运输过程中发生的异常问题；2019 年出资 500 万元，购置了 10 台国Ⅵ排放标准的混凝土罐车，以及负压式吸尘清扫车，如图 4-123 所示，对厂区内控降扬尘发挥了重要作用。

图 4-122　车辆清洗设备

图 4-123　大型清扫设备

（8）视频监控系统

建立数据网络中心，厂区无死角监控，视频影像资料存储达 10 天以上，重要污染监控点视频影像资料存储达 3 个月，满足对相关重点区域长时间段不间断地监控，如图 4-124 所示。

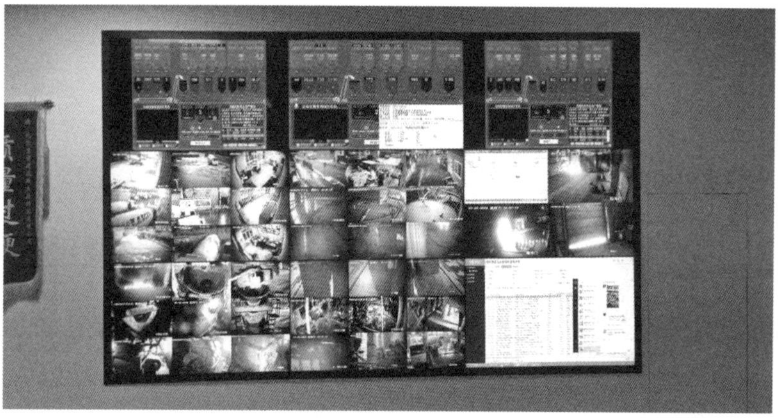

图 4-124　监控系统

（9）设备维修保养、巡检管理系统

利用 ERP 管理系统，进行设备维修、保养的管控，对每台设备领用的材料、配件和维修费用进行分别统计，使设备运行成本得到较好的控制。

每单台设备标注上二维码，维修人员必须按照规定的巡查时间对设备运转状态进行现场检查，并使用设备巡查专用 App 进行签到扫码，同时进行拍照，所拍设备运转照片直接留存在服务器中，以便管理人员随时看到设备运转的直接状态。

（10）门前三包管理

加强厂区周围环境卫生管理，厂区门口做到门前三包，如图 4-125 所示，对出入口各 200m 的两侧道路进行除尘降尘作业，切实降低道路扬尘负荷，达到扬尘要求。落实车辆清洗要求，所有进出车辆都要及时清洗，不得带泥上路。

图 4-125　门前三包

4.7.2　绿色环保改造项目资金筹措情况

2009—2019 年绿色环保改造共有 8 项主要项目，共计投入 3623 万元，全部资金来自企业自筹，如图 4-126 所示。

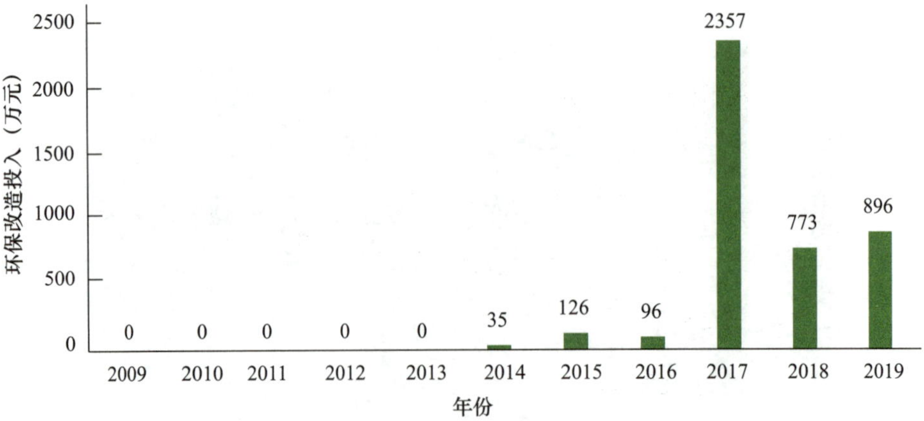

图 4-126　2009—2019 年绿色环保改造项目投入

4.7.3 固废资源化利用情况

（1）本项目主要包含两项内容

① 粉煤灰替代一定量水泥。

② 尾矿废石、再生骨料替代天然砂石。

（2）资金筹措方式

2009—2019 年所需资金 37800 万元，由公司自筹。

（3）利废情况

2009—2019 年固废利用情况，如表 4-6 所示。

表 4-6 2009—2019 年固废利用情况

固废品种	利废数量（万吨）
粉煤灰	47
尾矿废石	545
再生骨料	0.25

4.7.4 经验总结

坚持环保利废，打造绿色供应链，实现全产业链绿色发展；坚持创新驱动提质增效，加大研发力度，满足城市建设高质量混凝土需求；优化运输结构，积极响应政府倡导公转铁绿色建材使用；推广绿色智能制造技术和装备，建设智能化预拌混凝土商混站，将全部业务融为一体，实现高效管理，提升绿色环保生产水平。

4.8 案例八

该混凝土搅拌站创立于 2001 年，占地面积 42000m^2，建设总投资 7000 万元左右，拥有 4.5m^3 预拌混凝土生产线 4 条，同时自主配有搅拌罐车 60 台、泵车 8 台，经过建设的扎实推进，现已打造成一座集环保、节能、高产、信息化为一体的绿色环保站。

4.8.1 绿色生产改造措施

（1）全机组封闭建设

机组于 2013 年年底落成，总投资 280 万元，整体采用复合板钢钩结构材料全封闭，建筑高度 33m，占地 600m^2，内设搅拌机组 4 台，配有输送带 4 条，实现从投料到配送的全程封闭，如图 4-127 所示。

（2）料仓全封装

复合板钢钩结构，长 153m，宽 70m，墙高 8.5m，起拱高 17.5m 的砂石储料库加装全封闭钢结构波纹屋面，配置全自动软质卷帘门，所有砂石料全封闭存放，有效抑制了厂区粉尘排放，如图 4-128 所示。

图 4-127　主机楼封装

该公司完成了主机楼和料仓的全面封装，极大减少了在运料和储料环节的扬尘问题，有效减轻了粉尘对大气环境的影响。

图 4-128　料仓封装

（3）雾炮

于 2017 年 5 月购置了两台雾炮，如图 4-129 所示，每小时出水量达 1000L，分别安装在料仓出口和厂区出口，从两个起点即出料起点和出厂起点控制扬尘外散，减轻对周边环境的粉尘影响。

（4）固废间

固体垃圾集存仓，如图 4-130 所示，占地面积 460m^2，2016 年 5 月建成使用。大块废石废料集中存放，保持厂区清洁和安全，并定期交与具有相关清理资质的厂家集中处理。

图 4-129 雾炮

图 4-130 大型固体垃圾集存仓

（5）太阳能照明设备

全厂共计 12 盏太阳能路灯，如图 4-131 所示，覆盖厂区全部主要运输线，在提高晚间运输安全的同时降低了电能的损耗。

图 4-131 太阳能路灯

（6）地面硬化

建站初期，该公司实现了全厂生产区地面的硬化建设，经历多年的生产后，于2014年再次对地面的修缮和强化方面进行投资建设，累计硬化面积近37000m²，如图4-132所示。

图4-132　厂区地面硬化

（7）洒水车

该公司采用多功能清洁洒水车，如图4-133所示，整车储水量达到10吨，每天对厂区巡扫4次以上（特别天气除外），保持厂区全天地面清洁湿润，提高空气中水分含量，从而抑制了扬尘。

图4-133　多功能清洁洒水车

（8）纯电动生产车辆

该公司使用纯电动原材料运输车辆，如图4-134、图4-135所示，累计完成运料9万余吨，为运输减排做出贡献。

采用电动铲车倒料，减轻尾气排放对空气的影响，大大减少了二氧化碳的排放，实现节能、低耗。

图 4-134 电动牵引车

图 4-135 电动铲车

（9）风槽装置

主机楼粉料罐至粉料计量秤运输段位置全部安装风槽装置，如图 4-136 所示，每台风槽功率仅 3000W，利用鼓风原理输送粉料。相较以往的螺旋输送机，极大地减少了能源的损耗，并避免了漏料污染。

图 4-136 风槽

（10）集中收尘装置

集中收尘装置，如图 4-137 所示，可以将输送过程中的粉料、烟尘等零散物料封闭并收集在收尘器内，避免外泄扬灰，起到保护大气环境的作用，并通过气体压力将回收料送回储存罐内，实现零散粉料的回收利用，降低了生产损耗。

（11）喷淋

料仓内全区域覆盖喷淋装置，在上料位置还特别安装自动降尘喷淋装置，如图 4-138 所示，以防止上料时因物料落差而产生扬尘。

全仓共计安装喷淋头 148 个，如图 4-139 所示，喷头内装有雾化装置，利用高压泵将水从喷嘴雾化喷出，以提高仓内空气湿度，使空气中水分子附着于粉尘颗粒上，增大粉尘所受重力，从而减少扬尘，同时还可以降低环境温度。

图 4-137　集中收尘装置

图 4-138　上料位自动喷淋

图 4-139　仓内喷淋

（12）洗轮机

在出厂口位置，共安装洗轮机两台，如图 4-140 所示，最多设有喷头 120 个，最多转动喷头 100 个，车辆进出厂时严格按要求经过洗轮机，车辆底盘与轮胎可以得到高强度的清洗，在进厂和出厂时，不携带泥土，保持所经路面清洁。

图 4-140　洗轮机

（13）螺杆空压机

该公司配置了电机功率低、噪声低、效率高的低压永磁螺杆空压机，如图 4-141 所示。低压螺杆空压机粉料输送系统可以很好地解决环境污染和安全问题，为混凝土生产创造更环保的工作环境。并且料位控制系统和超压保护系统的完美结合，保证系统在超压状态时能自动检测、提前预警、释放压力或自动停机，同时避免了因超压而引发的满仓爆管、爆仓等安全环保事故。

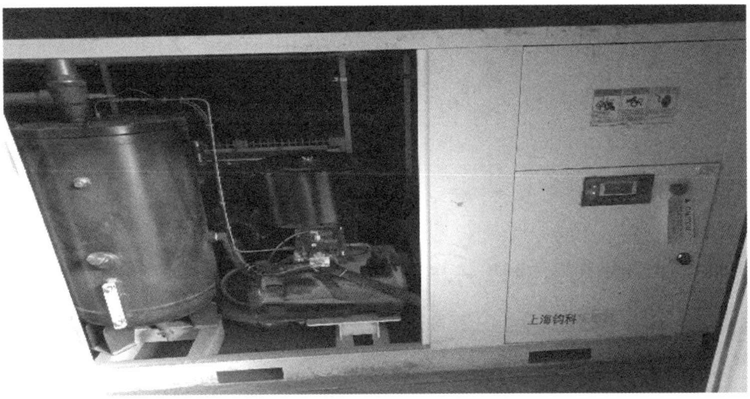

图 4-141　低压永磁螺杆空压机

（14）锅炉

现有两台 2.5 吨常压燃气锅炉，如图 4-142 所示。通过燃烧天然气，满足厂区生产生活热力所需，从而有效地避免了煤炭的使用，大幅降低了因燃煤造成的空气污染。

图 4-142　常压燃气锅炉

（15）雷达料位计

2016 年加装自动料位仪，取代了早期人工手动敲罐推测料位的简陋方法。通过雷达采集与电流感应的方式把每个粉料罐内的物料储存数量传递到显示屏，可以实时观察到罐内物料的储存量，数据准确度较以往有明显提高，实现了不冒仓、不断料，避免粉料外泄对大气环境造成的影响，如图 4-143 所示。

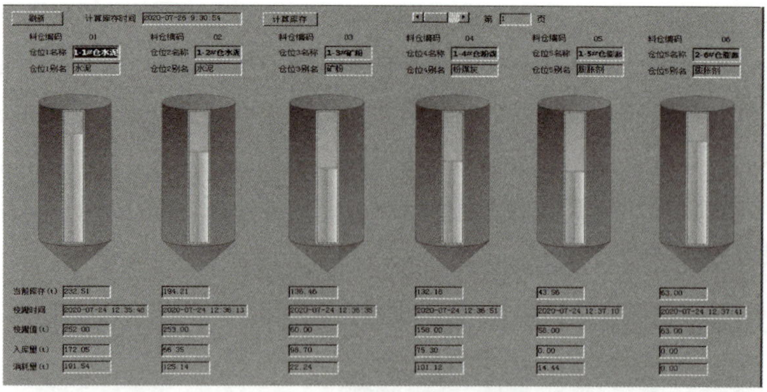

图 4-143　料位计显示

（16）中水处理设备

该公司于 2019 年 7 月安装中水处理设备及配套设施，如图 4-144 所示，日均处理水量达到 15 吨以上，经环保局专业检测，符合日常非饮用水使用标准，将生活用水经过严格的过滤和处理后，用于日常生产、庭院洒水、绿植灌溉等多方面，实现二次利用，在保障生活生产的同时更高效地利用了水资源。

图 4-144　中水处理间

（17）圆筛式分离机

2017 年 6 月引进圆筛式分离机，可以做到砂、石、浆水分离，有效地节约了新材料投放，提高了原料的利废使用，分离出的浆水可用于生产中的打灰环节。

与分离机关联的压滤机可以有效地将分离出的浆水压制成可回收利用的固体块，定期由专人负责回收处理，进一步提高了水资源的回收利用，月均回收利用量，如表 4-7 所示。

表 4-7　月均回收利用量

	废水、废浆	分离砂	分离石
每月回收利用量 / 吨	600	150	150

（18）门前三包

门前无垃圾杂物、无污水、无污垢、无油渍或严重积尘；无乱占道、乱堆放、乱张贴等影响市容秩序的行为，且出入口 200m 范围内的道路及时进行清理、洒水降尘，符合门前三包要求，如图 4-145 所示。

图 4-145 门前三包

4.8.2 绿色环保改造项目资金筹措情况

在过往的 10 年中，该公司在节能环保方面累计投入 5410.89 万元，如图 4-146 所示。从一个简陋的搅拌站，逐步发展为一座绿色环保站点。

图 4-146 2009—2019 年绿色环保改造项目投入

4.8.3 固废资源化利用情况

（1）本项目主要包含两项内容

① 粉煤灰替代一定量水泥。

② 尾矿废石、再生骨料替代天然砂石。

（2）资金筹措方式

2009—2019 年购买粉煤灰 3 万吨，资金投入 454 万元；购入 70 万吨尾矿废石，0.03 万吨再生骨料，资金投入 7000 万元，由公司自筹。

（3）利废情况

2009—2019 年固废利用情况，如表 4-8 所示。

表 4-8　2009—2019 年固废利用情况

固废品种	利废数量（万吨）
粉煤灰	3
尾矿废石	70
再生骨料	0.03

4.8.4　经验总结

对原来有污染隐患的生产线，如机组、料仓等建筑进行改造，全面提高了对空气环境的保护。厂区里用太阳能取代大部分电能设备；运输线上，以新型的电动能源车辆逐步取代了老旧的燃油车辆，在节能减排的基础上，进一步提高了对环境的保护。

4.9　案例九

该公司始建于 2002 年 11 月，项目建设初期投资 2000 余万元，总占地面积 13340m^2，总建筑面积 3800m^2，拥有 1 条 4.5m^3 和 1 条 4m^3 预拌混凝土生产线。2003 年 4 月生产线正式投产使用，项目经过近 10 年绿色升级改造，打造成一座集绿色化、规模化、信息化为一体的绿色搅拌站，如图 4-147 所示。

图 4-147　厂区现场

4.9.1 绿色生产改造措施

（1）砂石储料大棚全封闭

建设初期按照环保要求，建设了钢混结构长 30m、宽 20m、高 25m 的砂石储料库，并加装全封闭钢结构波纹屋面，配置全自动软质卷帘门，所有砂石料全封闭存放，有效地抑制厂区粉尘排放，如图 4-148 所示。

图 4-148 砂石储料大棚全封闭

（2）搅拌楼、粉料罐、物料输送系统全封闭改造

该公司在绿色生产改造工作上主动作为，先行创新，投入 1000 余万元将搅拌楼、粉料罐、物料输送系统全部封闭，如图 4-149 所示，极大地减轻了现场生产设备噪声和粉尘无组织排放污染。

图 4-149 搅拌楼、粉料罐、物料输送系统全封闭

（3）地面硬化持续提升改造

2015—2019 年每年不同程度地对厂区内已损坏的地面进行修复，如图 4-150 所示。达到厂区内除绿化用地外，全部地面进行硬化处理，有效地抑制了扬尘的产生。

图 4-150　地面硬化持续提升改造

（4）喷淋设施改造升级

2015 年在砂石储料大棚上料处安装了高压雾化喷淋设施，如图 4-151 所示，经过微米精密水质过滤器过滤，利用高压泵将水从喷嘴雾化喷出。雾化颗粒漂浮在周围空气中，与空气中的粉尘颗粒融合，在自重的作用下掉落，从而达到提高空气湿度、降低环境温度和砂石产生的粉尘等多重功效。

图 4-151　上料处高压雾化喷淋

（5）燃油锅炉更新为燃气锅炉

从建站初期就采用环保设计理念，锅炉在当时采用的是燃油锅炉，2017 年更换为 2 吨的环保型燃气锅炉，如图 4-152 所示。

（6）信息化系统

2018—2019 年，对生产控制系统与计量设备进行升级改造，网络与设备更新为千兆，解决了因日益增多的终端设备而造成的卡顿问题，如图 4-153 所示。

图 4-152 燃气锅炉

图 4-153 预拌混凝土企业管理系统、生产工控系统

（7）车辆更新管理

2019 年新购国Ⅴ运输罐车 17 台，投入资金 850 万元，新购车辆全部安装尿素后处理系统，大幅降低了氮氧化物的排放。自带的 OBD 车载自动诊断系统，能在车辆运行过程中实时监测发动机电控系统及尾气排放超标现象，如发生异常工况可以迅速准确地开展维修，对尾气监测及排放实现了有效的控制，如图 4-154 所示。

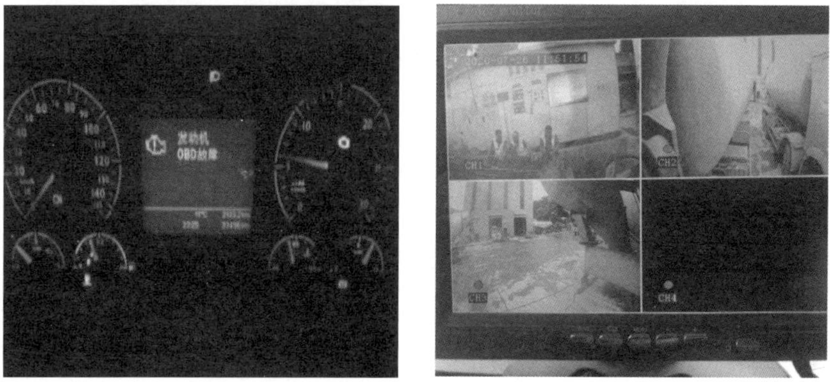

图 4-154 OBD 车载自动诊断系统

（8）负压式吸尘清扫车

2015 年 9 月，该公司购置了负压式吸尘清扫车，如图 4-155 所示，确保地面清洁无泥，对厂区内控降扬尘发挥了重要作用。

图 4-155　吸尘清扫车

（9）洒水车

2016 年，购置了第一台洒水车，每天安排人员进行 2h 一次的厂区内外的洒水工作，有效地杜绝了厂内外的扬尘现象。2019 年，为了配合镇政府对厂区外东西方向和南北方向道路的扬尘控制，公司又购买了一台大型洒水车，如图 4-156 所示。

图 4-156　小型和大型洒水车

（10）太阳能灯

2019 年，从环保、节能考虑，安装了太阳能灯进行照明，如图 4-157 所示。

（11）太阳能热水器

2019 年安装了太阳能热水器，如图 4-158 所示。

（12）洗轮机

2015 年，购置了洗轮机，如图 4-159 所示，对罐车车辆的轮胎底盘进行高压多方位冲洗，从而达到无粉尘污染的效果。

图 4-157　太阳能灯

图 4-158　太阳能热水器

图 4-159　洗轮机

（13）收尘设备改造

2015 年将仓顶袋式脉冲收尘器统一更换成落地式集中收尘系统，如图 4-160 所示，对粉尘进行有效回收，减少粉尘对大气产生的影响，同时方便巡检、维护、更换滤芯。

图 4-160　改造后落地式集中收尘器

（14）料位指示报警

2015 年该公司引入雷达料位计监测筒仓料位，实际使用中却因粉料挂壁，易导致数据监测不准确。2019 年该公司淘汰了雷达料位计，更新为导波雷达料位计，如图 4-161 所示，料位达到限高值就会立即报警，高精度，高分辨率，可连续准确测量，比使用雷达料位计方便、可靠，实现了消耗与生产数据可视化。

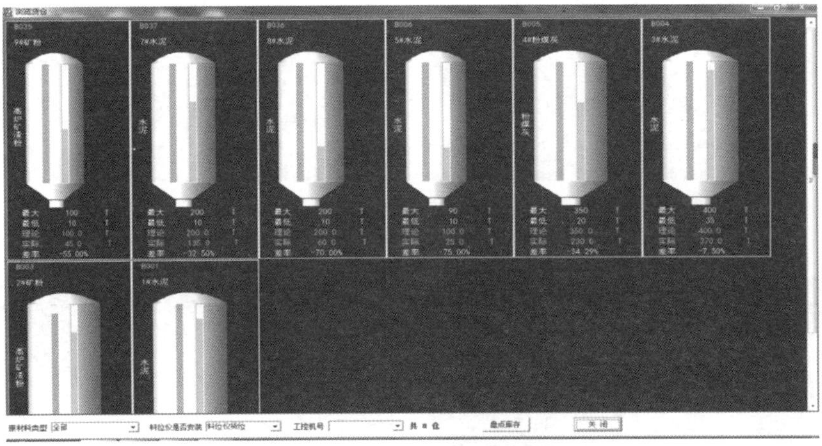

图 4-161　料位终端可视化

（15）车载吹灰噪声控制

2019 年该公司投入 12 万元配置了电机功率低、噪声低、效率高的低压永磁螺杆空压机（图 4-162）。低压永磁螺杆空压机粉料输送系统可以很好地解决环境污染和安全问题，为混凝土生产创造更环保、更安全的工作环境。并且料位控制系统和超压保护系统的完美结合，保证系统在超压状态时能自动检测、提前预警、释放压力或自动停机，可避免因超压而引发的爆管、爆仓、爆除尘器等安全环保事故。

（16）视频监控系统提升

2019 年对视频监控系统进行了全面升级改造，在安全环保隐患较大及重点污染源位置加装了摄像头 16 个，如图 4-163 所示，做到厂区内无死角监控。同时提升了硬盘存储空间，保存时间由 1 个月升级到 3 个月。电子视频监控系统通过改造升级，助力厂区内安全环保的精细化管理，不断提高标准化和规范化水平。

图 4-162 低压永磁螺杆空压机

图 4-163 视频监控系统终端

（17）砂石分离机改造

2015 年该公司又重新购置了一台砂石分离机，如图 4-164 所示。

图 4-164 砂石分离机

（18）实验室包封

2019 年，该公司对实验室进行了整体包封，如图 4-165 所示，有效地减少了粉尘的产生。

图 4-165　实验室包封

4.9.2　绿色环保改造项目资金筹措情况

2002 年建厂初期投资 2000 万元，2009—2019 年绿色环保改造共有 18 项主要投入，共计 2685 万元，全部资金来源于企业自筹，如图 4-166 所示。

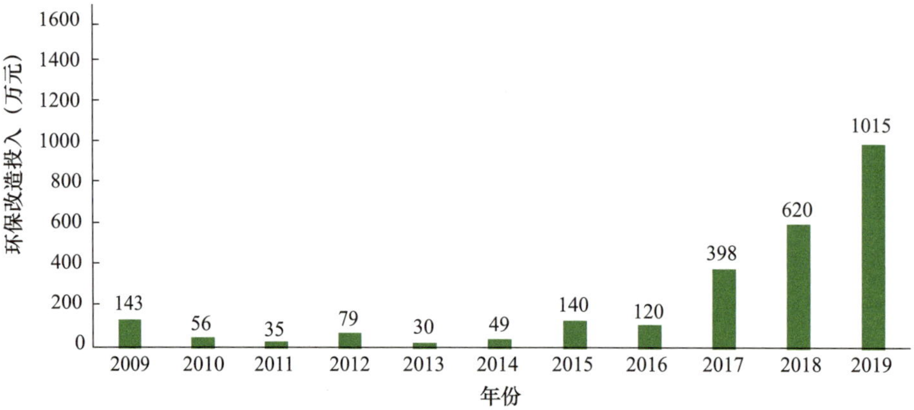

图 4-166　2009—2019 年绿色环保改造项目投入

4.9.3　固废资源化利用情况

（1）2009—2019 年利废主要包含两项内容

① 粉煤灰替代一定量水泥。

② 尾矿废石、再生骨料替代天然砂石，生产出的混凝土取得了良好的效果，产品的和易性和质量性能更好。

（2）资金筹措方式

2009—2019 年所需资金 64013 万元，由公司自筹。

（3）效果及经济分析

利用工业固废来替代水泥和砂石骨料。用粉煤灰替代 20% ～ 30% 的水泥，综合使用 27 万吨粉煤灰替代水泥，混凝土产品性能得到改善和提高；通过使用固废材料，减少使用天然砂石资源 800 万吨。2009—2019 年固废利用情况如表 4-9 所示。

表 4-9 2009—2019 年固废利用情况

固废品种	利废数量（万吨）
粉煤灰	27
尾矿废石	800
再生骨料	0.1

4.9.4 经验总结

通过近 10 年的不断提升，使得厂区内的污水、粉尘、固体废弃物的排放得到有效治理，减少了生产废弃物对环境造成的影响。公司在 2014—2019 年绿色检查中取得的成绩均为优秀。

4.10 案例十

该公司始建于 2011 年，公司总占地面积约 $42000m^2$，注册资金 6670 万元，拥有 3 条 $3m^3$ 预拌混凝土生产线，如图 4-167 所示。

图 4-167 厂区现场

4.10.1 绿色生产改造措施

（1）砂石储料大棚全封闭

建设初期建设了钢混结构高 7.5m，起拱 11.5m 的砂石储料库，如图 4-168 所示，并加装全封闭钢结构波纹屋面，配置全自动料仓大门，所有砂石料全封闭存放，有效抑制了厂区粉尘的排放。料仓内部设置有大型换气过滤通风系统，使封闭料仓内部空气质量也得到极大改善。

图 4-168　砂石储料大棚全封闭和封闭料仓通风系统

（2）砂石分离机改造

2019 年公司斥资 65 万余元对砂石分离机设备进行了更新换代。根据分离特点购置了直线式振动砂石分离机，如图 4-169 所示，分离出的浆水含泥量严格控制在 5% ～ 7%，以满足生产用水的要求。浆水直接泵送至搅拌机再次利用，不但节约了生产用水，而且实现了污水不外排，保护了环境。

图 4-169　直线式振动砂石分离机

（3）地面硬化持续提升改造

采用高强度混凝土配合钢纤维浇筑地面，解决地面破损的问题，有效地抑制了扬尘的产生。

（4）喷淋设施改造升级

2015 年在砂石储料大棚上料仓安装雾炮喷淋降尘装置，以防止上料时因物料落差产生的扬尘；同时公司厂区也同样设置了雾炮喷淋降尘装置，如图 4-170 所示。原理是利用高压泵将水从雾炮喷嘴雾化喷出，雾化水颗粒漂浮在周围空气中，与空气中的粉尘颗粒融合，在自重作用下掉落，从而达到提高空气湿度、降低粉尘和环境温度等多重功效。

图 4-170　料场高压雾炮喷淋

（5）信息化系统

2015—2019 年，该公司逐步升级了生产控制系统，对生产控制系统与计量设备持续进行升级改造，实现了精准计量和全自动化生产，如图 4-171 所示。运用网络与云服务器通信增强了集中管控和远程监控。

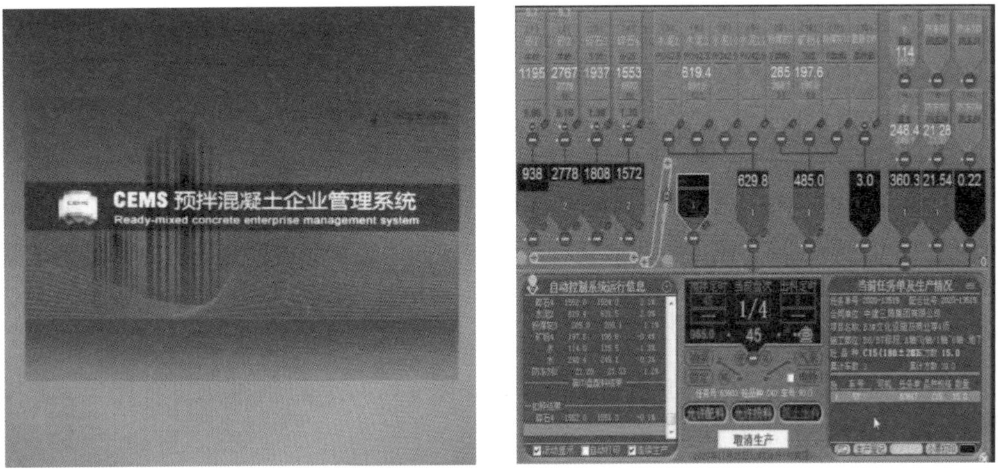

图 4-171　预拌混凝土企业管理系统

2016 年该公司进行了全面的互联网络升级改造，采用网通主骨干网络运营商，通过同时申请两条光纤网络并行的方式，划分出生产区和办公区网络，做到互不干扰。一旦生产区网络出现故障，可随时接入办公区网络进行救急，直至生产区网络恢复，持续保持生产的稳定性。

（6）运输车辆更新管理

2015—2019 年该公司先后投入 2500 万元，购入国Ⅳ排放运输罐车 20 台、国Ⅴ排放运输罐车 26 台，将原有高排放运输车全部淘汰。新购车辆全部安装尿素后处理系统，大幅降低了氮氧化物的排放。自带的 OBD 车载自动诊断系统能在车辆运行过程中实时监测发动机电控系统及尾气排放超标现象，如发生异常工况可以迅速准确地开展维修，对尾气监测及排放实现了有效的控制，如图 4-172 所示。

图 4-172　OBD 车载自动诊断系统

（7）出场车辆自动洗车机

2019 年该公司结合绿色生产工作，于南门口建设安装了大型自动洗车装置。所有出厂运输车辆必须经过自动洗车装置的清洗，达到要求后方可出厂。设置了专门的监控摄像头对出厂车辆的清洗过程予以监督管理，从而解决了运输车辆可能对道路环境造成影响的问题。

（8）厂区机械化清扫

2016 年、2017 年分别购置了两台清扫车，如图 4-173 所示。该车是针对混凝土搅拌站厂区地面积尘特点而选购的干吸式清扫车，将地面的泥灰吸进储灰箱体内，达到地面清洁无泥效果，对厂区内控降扬尘发挥了很重要的作用。

（9）装载机械更新

2019 年购置了国Ⅲ阶段排放标准的铲车，如图 4-174 所示，低能耗、低污染、低排放铲车的使用推动了公司尾气综合治理工作的进一步开展。

图 4-173 清扫车

图 4-174 装载机

（10）收尘设备改造

2015 年将原有的筒仓除尘系统改造为落地式集中收尘器，经过一段时间的使用，发现虽然能够有效收尘，但也存在一定的弊端。2019 年又斥资 60 余万元将收尘设备再次升级改造为强制式脉冲仓顶除尘器，如图 4-175 所示，不但进一步提高了收尘效率，而且减少了对大气产生的影响。

图 4-175 强制式负压脉冲仓顶除尘器

（11）料位指示报警

2017 年引入旋阻式高位料位仪，配合悬垂式料位仪组成双料位仪系统，实现了料位达到限高值立即报警，高精度，高分辨率，可连续准确测量，比使用雷达式料位仪更方便、更可靠。该装置实现了消耗与生产数据可视化，解决了估量不准确导致的吹灰冒顶问题，从根本上杜绝了粉料筒仓冒顶引发的环保事故（图 4-176）。

图 4-176　料位终端可视化

（12）车载吹灰噪声控制

2017 年投入 20 余万元配置了电机功率低、噪声低、效率高的低压永磁螺杆空压机，如图 4-177 所示。低压永磁螺杆空压机粉料输送系统可以很好地解决环境污染和安全问题，为混凝土生产创造更环保、更安全的工作环境；并且料位控制系统和超压保护系统的完美结合，可以保证系统在超压状态时能自动检测、提前预警、释放压力或自动停机，同时避免了因超压而引发的爆管、爆仓、爆除尘器等环保安全事故。

图 4-177　低压永磁螺杆空压机

（13）地源热泵系统的建设

2018 年投入 100 多万元设计安装了地源热泵空调系统，如图 4-178 所示，将原本分散于各个办公区域及员工宿舍的空调及采暖设备替换为集中供应的中央空调系统，从而大大降低了用电量，提高了供暖、制冷效率。并且冬季也可为生产用热水提供高达 75% 以上的用水量，大大缩短了锅炉的运行时间，减少了氮氧化物的排放，从而达到了节能减排降耗的目的。

地源热泵运行后，每年冬季供暖时期可节约采暖锅炉燃油 115 吨，减少氮氧化物排放 0.11 吨。夏季制冷时可节约空调用电约 12 万 kW·h，从而减少碳排放 4.26 吨。

图 4-178　地源热泵中央空调系统

（14）视频监控系统提升

2017 年，对全厂区的视频监控系统进行了全面升级改造。采用高清网络监控系统，如图 4-179 所示，在全厂区无死角地安装了 30 余个摄像头，监控视频保存时间长达 3 个月。并且依托快速高效的互联网系统，将高清监控画面实时传送到相关负责人及管理者的手机上。通过手机回放之前储存的录像，使之可以第一时间掌握厂区内的相关情况，一旦出现问题可以第一时间发现并予以解决。电子视频监控系统通过全面的改造升级，助力厂区内安全、环保的精细化管理，不断提高标准化和规范化水平。

对生产监控系统进一步升级改造，加装摄像头 35 个，对操作室与搅拌机远距离操控起到了影像支撑的关键作用，全面实现生产过程全部网络可视化监控。

图 4-179　视频监控系统终端

（15）门前三包

该站点厂区门口做到门前三包，即包卫生、包绿化、包秩序，如图 4-180 所示。

包卫生：保证厂区门前责任区内地面清洁及绿化带中树垃圾物的清理，即无烟头、无果皮、无纸屑、无污水，市政公用设施及建筑物立面无乱贴乱画。且对出入口 200m 范围内的道路及时进行清理、洒水降尘。

包绿化：负责厂区门前责任区内的树木、花坛、草坪、绿化设施的卫生维护，做到绿化设施完好美观，绿化带内无杂物，无践踏损坏。

包秩序：禁止在厂区门前责任区内晾晒衣服，摆摊设点堆放杂物，乱停乱放，保证人行道路畅通，无影响市容环境现象的发生。

图 4-180　门前三包

4.10.2　绿色环保改造项目资金筹措情况

2013—2019 年该公司绿色环保改造项目共计投入 3975 万元，全部资金来源于企业自筹，如图 4-181 所示。

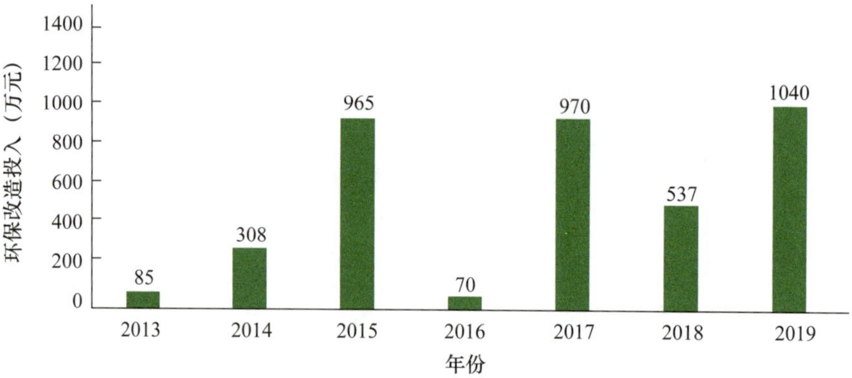

图 4-181　2013—2019 年绿色环保改造项目投入

4.10.3 固废资源化利用情况

该公司积极响应国家号召，落实“公转铁”绿色砂石运输要求，采购使用“公转铁”运输尾矿及骨料。仅 2019 年，公司累计使用“公转铁”绿色运输砂石 77934.25 吨，为行业做出了榜样。

4.10.4 经验总结

该公司秉持环保为先的经营理念，大力投入人力、物力、财力，专门成立了环保工作领导小组。经过精心的布局结构设计，实现了生产环节低碳节能，低噪声、低排放，废水、废渣可循环利用；实现了混凝土产品生产组织全过程、物料转化全过程的绿色生产及零排放，全面实现绿色、低耗、智能化生产。近几年在实践中不断地总结经验，持续地对环保设备设施进行升级改造，使公司整体环保水平始终处于行业内的领先位置。

4.11 案例十一

该公司占地面积 48000m^2，现有两台 4m^3、1 台 3m^3 预拌混凝土生产线；国 V 排放搅拌运输车 70 台，国Ⅲ排放轮式装载机 5 台，天然气锅炉两台，日生产、运输能力可达 12000m^3，如图 4-182 所示。

图 4-182　某有限公司厂区现场图

4.11.1 绿色生产改造措施

（1）砂石储料大棚全封闭

该公司初期建设了钢筋混凝土结构外墙的砂石储料库，如图 4-183 所示，墙高 7.5m，并加装全封闭厚质高强度不锈彩钢波纹屋顶，起拱 11.5m。储料大棚配置全自动软质卷帘门，所有砂石料全封闭存放，有效地抑制厂区粉尘排放。

图 4-183　砂石储料大棚全封闭

（2）搅拌楼、输送皮带、废混凝土 / 洗车回收系统等进行全封闭改造

投资 300 万元进行搅拌楼、输送皮带、废混凝土 / 洗车回收系统等重点设备设施的全封闭环保改造，封闭材料采取高品质材质，防尘易清理、隔声降噪效果好，同时还兼具隔热、保温、安全、阻燃等效果，极大地降低了生产厂区的设备噪声和粉尘无组织排放污染。

（3）地面硬化持续提升改造

2014—2019 年该公司每年不同程度地对厂区内损坏的地面进行修复，达到厂区内除绿化用地外，全部地面进行硬化处理，有效抑制扬尘产生。

（4）喷雾降尘设备设施改造升级

① 砂石料场智能喷雾系统，如图 4-184 所示：2019 年为全面控降料场内扬尘的产生，大棚 8000m^2 安装全覆盖式高压雾化喷淋设施，经过微米精密水质过滤器过滤，利用高压泵将水从喷嘴雾化喷出。

图 4-184　砂石料场智能喷雾系统

② 生产厂区喷雾降尘系统，如图 4-185 所示：安装了 6 台“喷雾大炮”，每台雾炮机的射程 30m，定时喷雾喷水系统基本覆盖了整个生产厂区内混凝土从加工生产到运输出站的全过程，从源头上对扬尘进行了治理，大大提升了厂区内对无组织粉尘排放的防控，使空气质量大幅提高。

图 4-185　生产厂区喷雾降尘系统

③ 办公生活区喷雾降尘系统，如图 4-186 所示：安装了一套高压喷雾降尘系统，该系统可人工设置喷雾时长、喷雾间隔时间、喷雾量大小等技术参数。

图 4-186　办公生活区喷雾降尘系统

（5）废混凝土回收 / 浆水再利用系统助力实现“零排放”

以 2019 年年产 100 万 m^3 计算，产生的废水废浆在 3 万吨左右，通过这套系统减少了固体废弃物的产生，在实现保护环境的同时，节约了废弃物处置消纳的成本，如图 4-187 所示。

图 4-187　废混凝土回收系统

（6）智能吹灰、除尘系统

自主创新研发了“一振一验，一验一看”操作模式的脉冲式除尘系统，如图 4-188 所示。在输送粉料前后，首先启动罐顶振捣器，压缩空气通过除尘器的过滤层向外释放压力，同时振落除尘滤芯上的积灰，可以避免除尘滤芯被粉尘堵塞或出现通气不畅的情况。通过对每一个粉料罐安装智能系统，让除尘效果达到 100%。

图 4-188　脉冲式除尘系统

（7）连续式料位指示及报警系统

采用连续式电子料位计，可实现快捷、精准地掌握粉料筒仓内的料位，辅助管理粉料供应筹划，该系统与低压输送系统配合使用，极大提升了企业的绿色环保管理水平。

（8）实现生产远程集中控制

智能综合控制室（图 4-189）是生产运行的“智慧大脑”。32 路视频监控影像传输功能通过 12 套 45 寸的液晶显示单元，可以全方位、多角度地集中显示 4 台搅拌设备整个混凝土生产过程中的实时状态。生产计划与数据的互联应用，实现了从“0 操控”到“500m 控制”的智能化生产，让操作间真正实现“零值守”。

图 4-189　智能综合控制室

（9）智能排产、车辆排队系统

调度员、质检员、操作员从“调度室 + 厂区 + 操作间”3 个地点协同生产变成系统前“集中办公”，所有生产经营任务的信息化指令都从这里发出，如图 4-190 所示，让全系统的生产信息化资源得到整合优化。通过智能综合控制平台，可以对混凝土生产、运输、交付的全过程进行智能把控，搭建起质量百分百可追溯管控体系。智能控制，操作人员能够利用智能综合控制平台的显、控功能，通过数据传输技术对整个生产流程完成全方位远程操作；质控人员可以“足不出户”地集中了解混凝土质量信息，对质量进行统一控制；调度人员只要看着屏幕，就可以实时掌握生产情况，完成生产状态分析，完成辅助决策等的全过程服务，有效提高了在生产过程中对混凝土的调控能力。

图 4-190　智能排产、车辆排队系统

（10）卫星定位、安全驾驶辅助系统、车辆实时视频监控系统等智能化管理

投资近百万元，为每台罐车安装了实时定位、实时视频、疲劳驾驶、危险驾驶（打电话、超速、强制并线等）的智能管理设备，在确保混凝土质量的同时，实现了绿色生产和安全运输，如图 4-191 所示。

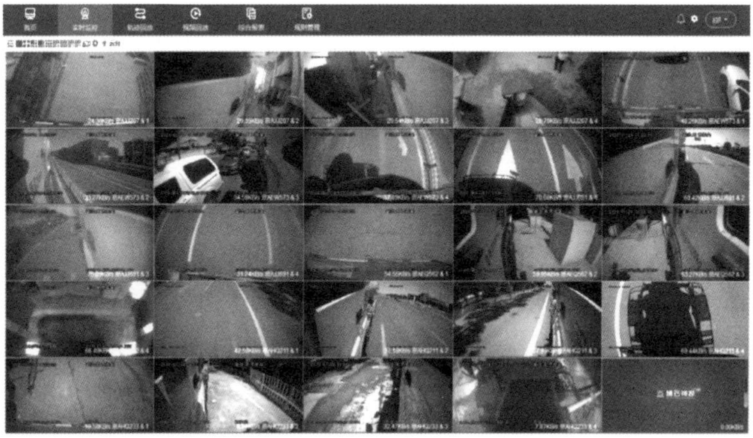

图 4-191　车辆实时视频监控系统

（11）淘汰高排放、高能耗设备，更新为环保节能型

① 2017 年投资 60 余万元购置了两台环保型燃气锅炉，如图 4-192 所示。

图 4-192　环保型燃气锅炉

② 2018 年淘汰 35 台国Ⅲ排放混凝土搅拌车，投资 800 余万元新购 15 台国Ⅴ排放环保车辆，如图 4-193 所示。

图 4-193　国Ⅴ混凝土搅拌车

③ 2016—2019 年，投资 200 多万元新购国Ⅲ排放轮式装载机 6 台，如图 4-194 所示。

图 4-194　国Ⅲ排放轮式装载机

④ 2019 年，投资近百万元，对所有混凝土罐车进行后料斗回转密封系统改造，改造后的设备实现了防道路遗撒、保坍落度、高效运输等功效，如图 4-195 所示。

图 4-195　回转密封机构及控制系统

（12）购置使用专业环保设备，助力厂区清洁环保

投资 50 余万元，购置了高压洒水车、真空吸尘车，如图 4-196、图 4-197 所示，专门用于厂区及工厂周边道路的清洁、洒水降尘工作。

图 4-196　高压洒水车

图 4-197　真空吸尘车

（13）信息化智能化管理系统

在正在使用的 CRM 一体化信息管理平台上，将所有生产过程的业务往来信息融为一体，能够对原材料进销存、生产数据、过程费用等信息进行集中采集，自动生成报表。实现了预拌混凝土一站式智能化生产与管理，形成了全新的智能管理生态链。为深入推进“绿色 + 智能”搅拌站的建设发展，提升企业核心竞争力，公司在智能生产的创新道路上不断前行，近期又将实现“混凝土运输车辆应用智能排号、施工项目线上实时智能下单、混凝土智能发货”的智慧能力，施工方通过在线上下单，生产任务信息自动录入系统，系统通过智慧排产派单提升生产供应效率，进一步促进了全方位生产流程“零值守”的实现。

（14）电子显示屏 / 标识牌的数字化应用

通过数字技术将信息输入及输出整合为一体，如图 4-198 所示，数字化的导向信息技术的应用，使信息展示得清晰明了，更新速度快、灵活，大大提升了工作效率。

图 4-198　电子显示屏

（15）雨水收集系统的建设应用

投资 50 余万元建设了厂区雨水收集系统，如图 4-199 所示，雨水可通过积水沟槽汇入收集池，经沉淀过滤后，由配套输送管路将雨水用于生产、绿化、清洁、降尘等。

图 4-199　雨水收集系统

4.11.2　绿色环保改造项目资金筹措情况

为了达到绿色智能搅拌站的要求，2009—2012 年，公司对砂石料仓和斜皮带进行封装，对厂区内道路进行硬化，投资金额约 600 万元；2013—2016 年继续优化完善砂石大棚，对渣土存储区进行封装，通过技术改造更新砂石分离机，对料仓大门进行封装，对蒸汽锅炉天然气进行低氮改造，加装太阳能洗浴及太阳能路灯，建造洗轮机设备，更新国Ⅲ排放装载机等，投资金额近 800 万元；2017—2019 年，安装筒仓高位报警系统、螺杆低压吹灰系统、泥浆回收再利用设备，厂区内安装喷淋系统，更新国Ⅴ混凝土罐车 / 国Ⅲ排放装载机，罐车加装监控及防遗撒装置，安装电子排队系统，对操作室进行远程操作升级改造，砂石分离机升级改造，雨水池回收改造，升级环保监控系统，以及筒仓密封设计费等，投资约 1200 万元。2009—2019 年绿色环保改造项目投入共计约 2405 万元，全部资金来源于企业自筹，如图 4-200 所示。

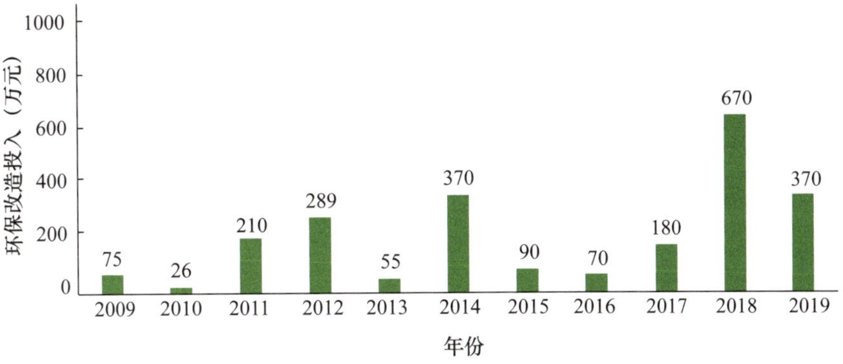

图 4-200　2009—2019 年绿色环保改造项目投入

4.11.3　固废资源化利用情况

（1）本项目主要包括两项内容

综合利废使用情况主要如下。

① 尾矿废石、再生骨料替代天然砂石。

② 粉煤灰替代一定量水泥。

③ 其他废弃物综合利用统计，废水、废混凝土砂石、废浆水回收等。

（2）制度情况

2009—2019 年公司固废利用情况如表 4-10 所示。

表 4-10　2009—2019 年固废利用情况

固废品种	利废数量（万吨）
粉煤灰	35
尾矿废石	600
再生骨料	0.1

4.11.4　经验总结

绿色环保改造是企业可持续发展的必经之路，企业需结合自身特点和实际情况选择合理化的设计、施工方案及环保产品，才能达到较好的效果。该公司在近几年的绿色检查中均取得了优异的成绩，均为优秀。还多次被评为“中国混凝土行业绿色生产示范企业”。

5 原材料绿色供应链

5.1 预拌混凝土行业绿色供应链建设要求与发展现状

5.1.1 绿色供应链建设的必要性

依据《北京城市总体规划（2016年—2035年）》“一核一主一副、两轴多点一区”城市空间结构布局方案，北京市建设行业在较长时间内对建筑材料的需求保持稳定，混凝土的年需求量维持在4000万～5000万m^3。北京市建设工程用砂石骨料和水泥自有产能缺口较大。混凝土行业每年至少需要由周边省市输入约1亿吨砂石骨料和1000万吨水泥。北京市面临着超大城市基础设施建设对高品质砂石骨料的迫切需求与供给侧发展不平衡、不充分之间的矛盾。在环京地区建立健康、有序、可持续发展的绿色基地和供应链既必要又迫切。

5.1.2 北京市建筑砂石骨料绿色供应链的建设要求

预拌混凝土行业所需建筑材料的绿色供应链建设，涉及砂石、水泥、粉煤灰、矿粉等。以建筑砂石绿色供应链为例，综合考虑整个供应链的环境影响、产品质量、资源效率，以绿色制造理论为基础，对砂石骨料生产方、运输方和使用方提出相应要求。其目的是使砂石骨料从矿山建设、开采加工、销售运输、使用过程到回收利用的全生命周期过程中，对生态环境影响最小，产品质量得以保障，资源综合利用率显著提升。

北京市混凝土原材料绿色供应链应是以满足城市高标准建设为目标，以保护生态环境为前提，以区域协同发展为依托，实现材料从资源、生产、运输、使用、回收全过程高效协同绿色的组织形态。

自2016年起，市住房城乡建设委、市生态环境局、市京津冀协同办、市交通委与属地政府针对区域规划、绿色矿山建设、绿色砂石骨料生产、绿色运输等事宜进行了深入沟通。

京冀两地就合作建设绿色砂石骨料供应基地事宜已初步达成共识。市住房城乡建设委与首钢集团达成建设绿色砂石骨料基地意向，与承德市、张家口市政府签订了战略合作备忘录。

2019年9月29日，北京市八部门联合发布《北京市建筑砂石绿色供应链建设指导意见》。

其主要内容为：

2019年，启动以建筑砂石为主的混凝土原材料“公转铁”试点。2020年，推动北京市密云区，河北省承德市、唐山市、张家口市、保定市等地建筑砂石绿色基地的布局。发展绿色运输，协调完成建筑砂石公铁联运专用集装箱、新能源接驳车的开发和量产。

到2025年，基本完成北京市及环京10个左右建筑砂石绿色基地建设，提高信息化水平，逐步提高铁路及新能源车运输砂石的比率。混凝土搅拌站全面执行绿色生产标准，逐步提高砂石绿色基地产品的使用比率。基本建成以保护生态环境为前提，以区域协同发展为依托，以绿色运输为手段，以满足城市高标准建设为目标的生产、运输、使用、回收全过程高效、协同、完备的北京市建筑砂石绿色供应链。

（1）建设绿色基地

针对北京市砂石供应紧缺现状，充分发挥密云区现有矿山废石、尾矿优势，在符合本区域产业布局及分区规划前提下，加快实施产能整合和绿色化改造，达到砂石绿色生产和运输要求，为北京市应急和重点工程建设提供保障。结合河北省承德市、张家口市、唐山市、保定市等周边地区的资源优势，与河北省合作开展砂石绿色基地建设，形成总量1亿吨左右的年供应能力，确保北京市未来城乡建设的需求。

拟建的基地应当符合绿色化、规模化、信息化、工业化、智能化要求，在矿区环境建设、资源开发利用方式、资源综合利用、节能减排、矿山修复、科技创新、企业管理等方面达到以下要求：一是矿区应符合绿色矿山相关要求（已停产矿区应符合尾矿资源综合利用相关规划）；二是砂石生产应符合《砂石骨料绿色生产与运输评价标准》要求；三是应具备铁路运输条件。

（2）提高绿色生产水平

推动产业由粗放型向集约型发展，切实转变产业发展方式，推进产业结构调整和转型升级，走绿色发展之路，从根本上改变企业规模小而散、技术水平不高的现状，确保实现健康可持续发展。

生产企业注重保护环境，生产线、贮存料堆应采用封闭降尘措施，对废水进行循环使用，降低噪声污染，对开采后的矿山进行生态修复。使用的非道路移动机械应排放稳定达标，不得在本市划定的禁用区域内使用高排放非道路移动机械。

按照相关要求，进行非道路移动机械备案生产的企业应建立保证日常检测需求的实验室，产品质量应符合相关规定，具备生产供应单粒径产品的能力。2020年1月1日起，北京市建筑砂石生产企业不得使用未经备案的非道路移动机械。

（3）打造绿色运输体系

按照“铁路优先、公路优化、宜铁则铁、宜公则公”的原则，优化调整货物运输结构，逐步提升铁路货运比率，减少柴油车使用，加快淘汰老旧燃油机动车，大力发展新能源运输车。

一是盘活现有铁路资源，建设城市货运铁路网，发挥铁路在大宗物资中长途距离运输中的骨干作用，大力减少中长途距离公路货运量，加大货运铁路场站项目建设和投入，推行公转铁及新能源车运输方式。在北京市合理布局建筑砂石专用货场，构建绿色供应通道，充分发挥首钢、金隅等集团公司自有铁路专用线的作用。

二是柴油车辆排放应稳定达标，列入排放超标数据库的车辆不得运输砂石，推动建筑砂石运输车安装排放在线监控系统并与市生态环境部门联网。放宽新能源砂石运输车辆通行限制，逐步压缩柴油砂石运输车行驶时间。全市行政区域内禁止使用国Ⅲ及以下排放标准柴油载货汽车运输砂石。

三是通过源头和末端供需数据共享、固定路线、卫星定位、运输时段限定、放宽新能源车路权等措施，加强对车辆和人员的引导与管控，对专业运输公司和人员实施信用等级评价管理。

（4）提升绿色化应用水平

加快混凝土搅拌站治理整合，推进混凝土行业规模化、集约化、绿色化发展。督促行业组织加强行业自律，规范行业采购行为，逐步提高绿色基地产品使用比率。在政府投资工程建设中，应优先采购使用绿色运输原材料生产的混凝土。

（5）推进固体废弃物资源化处置和利用

推广使用固体废弃物再生骨料。贯彻《北京市人民政府办公厅关于印发全面推进固体废弃物综合管理循环利用工作意见的通知》（京政办发〔2011〕31 号）、《关于进一步加强建筑废弃物资源化综合利用工作的意见》（京建法〔2018〕7 号）要求，因地制宜推进固体废弃物资源化利用。

制定固体废弃物处置和资源化利用导则，统筹考虑固体废弃物产生的地理位置、周边环境，明确采用集中处置、就地处置、再生骨料多样化深加工与定制模块化生产的条件，指导解决固体废弃物堆存、运输过程中的生态破坏和二次污染问题，实现固体废弃物的高水平资源化利用，经处理后的固体废弃物再生骨料优先满足周边建设项目需求。严禁以固体废弃物资源综合利用的名义加工处理天然砂石（建筑开槽土除外，但需取得渣土主管部门的许可）。

5.1.3 北京市建筑砂石骨料绿色基地的建设现状

绿色砂石基地的生产和运输应符合中国砂石协会《砂石骨料绿色生产与运输评价标准》（T/CBMF 39/T/CAATB002—2018）相关要求。绿色生产应以矿产资源清洁高效开发与生态环境协调发展为目标，其特点是采用高效、安全、节能环保的生产工艺和设备；节能减排措施完善；生产过程中粉尘、废水、噪声的排放达到相关标准要求；资源综合利用水平高，产品质量好。绿色运输以节约能源、减少废气排放、不危害环境为特征，实施途径包括：合理选择运输工具和运输路线以实现节能减排的目标；使用清洁燃料以提高能效；防止运输过程中的物料遗撒和扬尘，避免造成环境污染。

目前已有北京威克冶金有限责任公司、承德宝通矿业有限公司和迁安首矿建材有限公司获批“北京市建筑砂石绿色基地”称号。

北京威克冶金有限责任公司（简称北京威克）位于北京市密云区巨各庄镇，是首批国家级绿色矿山，也是北京市最大的矿山固废资源综合利用企业（图 5-1）。北京威克利用尾矿废石为原料制备建筑用砂石骨料，在绿色运输方面，以“公转铁”和使用新能源重型卡车的方式运输砂石骨料，符合绿色生产和运输要求，并逐步提高“公转铁”和新能源车辆运输砂石的比率。未来北京威克将以每年不低于 1000 万吨的绿色生产和绿色运输规模，为北京工程建设提供建材保障，并在砂石骨料开采、运输、废料回收过程打造全绿色产业链，实现绿色化运输。

图 5-1　北京威克冶金有限责任公司

承德宝通矿业有限公司（图 5-2）集矿山开采、铁磷同选、综合利用尾矿废石制备机制砂石骨料于一体，该公司于 2020 年 1 月通过验收，成为河北省首个通过专业认证机构认证的砂石骨料绿色生产及运输的资源综合利用砂石生产企业。2020 年年初新冠肺炎疫情暴发后，承德宝通矿业开通了复工复产后首列“公转铁”绿色砂石进京专列，用于北京市重点工程小汤山医院建设，在打赢疫情防疫阻击战的同时打赢蓝天保卫战。

图 5-2　承德宝通矿业有限公司

迁安首矿建材有限公司（图 5-3）利用尾矿、废石加工生产建筑砂石骨料，2021 年 6 月，挂牌北京市建筑砂石绿色基地，成为北京市推进建筑砂石绿色基地建设以来挂牌的第三家基地。

图 5-3　迁安首矿建材有限公司

5.2　北京市建筑材料绿色运输方式探索

5.2.1　运输方式变革的必要性

北京市外埠供应砂石骨料主要以承德、唐山、张家口、保定等环京区域为起点，通过重型柴油货车运输至搅拌站，全程的平均运距约为 200km。由于传统的铁路运输涉及两端接驳的装卸工作等成本，砂石骨料运输平均运距低于铁路经济运距，因此，在 2018 年前，货主方主要选择重型柴油货车作为运力，通过公路运输，也因此带来了交通和环境污染问题。

北京市重型柴油车占机动车的保有量仅为 4% 左右，但这类机动车排放的氮氧化物和颗粒物分别占机动车排放总量的 50% 和 90% 以上，已成为影响北京市空气质量的污染大户和较难治理的移动污染源。

推进建筑砂石骨料绿色供应链建设，对盘活现有铁路资源、优化运输结构、加快淘汰高排放重型燃油机动车、打赢蓝天保卫战发挥着重要作用。

5.2.2 建筑材料运输铁路站点规划

北京市目前正在建设北京绿色物流体系，以服务北京为试点，按照北京市规划和路网结构、铁路货场分布等，构建“双核多中心”的外集内配布局，服务物流新生态。该物流体系采用外集内配（即：中央仓在城市外围设置，在中央仓实现物资的聚集、交易、仓储、分拣等，在城市内部按不同区域设置周转仓，各商超、机关单位、批发市场等供应单位可共享周转仓资源）和绿色联运（即：在物资原产地、城外中央仓、市内周转仓之间，通过统一信息平台，标准化的装卸机械、包装器具、仓储设备，实现铁路完成干线运输，电动汽车承担市内配送，从而形成完整的绿色物流体系）运行模式（图 5-4）。

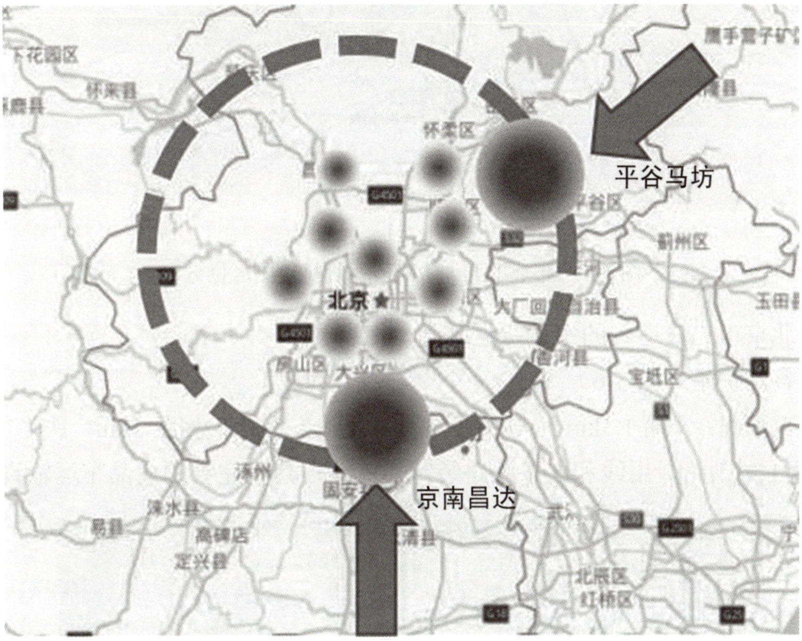

图 5-4　绿色物流体系“双核多中心”示意

按照北京交通发展研究院的初步规划，在矿物质建筑材料（简称矿建材料）“公转铁”货运场站选择时，建议综合考虑以下几方面因素。

一是矿建材料来源方向：矿建材料作为建筑工程、路用混凝土等的原材料，其主要来源于承德、唐山、易县、张家口，主要从东北方向、西北方向、西南方向进入北京。为提高货运场站货运转运便捷，尽可能地选取东北、西北、西南等方向货运场站。

二是混凝土搅拌站需求：目前全市上百家搅拌站总体布局在东南、西北、东北、西南等方向，为便于支撑搅拌站矿建材料供应，明确了北京市内五大铁路砂石骨料组团（图 5-5）。

三是货运场站自身条件：货运场站自身具有存储转运条件，具备较大的货运面积，且周边公路条件较好，具备较好的集疏运条件。

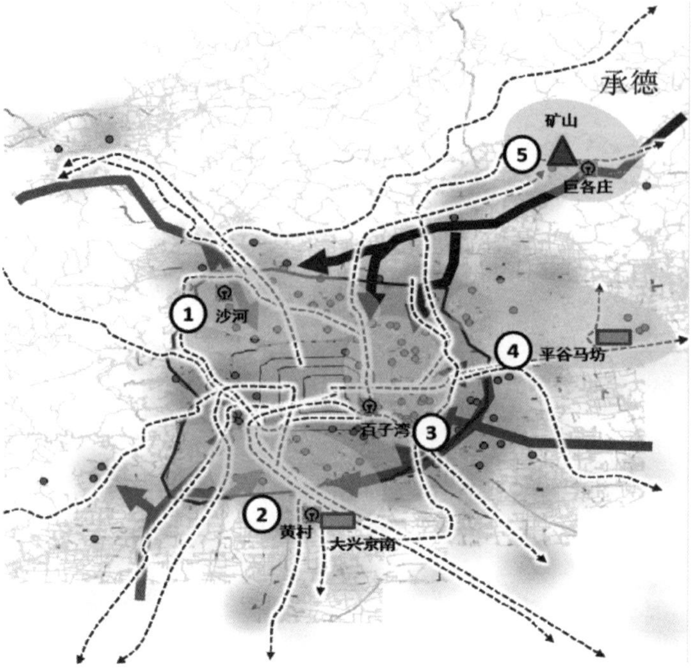

图 5-5 北京市五大铁路砂石骨料组团区位分布

以下是北京市比较适宜的主要货运站基本情况。

（1）平谷马坊站（图 5-6）

场站基本情况：一期 1.3km²，与铁路马坊站（地方铁路）相距 1km，铁路货场面积 6.4 万 m²，内设 1 条铁路专用线和 5 条铁路装卸作业线，具备完善的商品车运输设施。

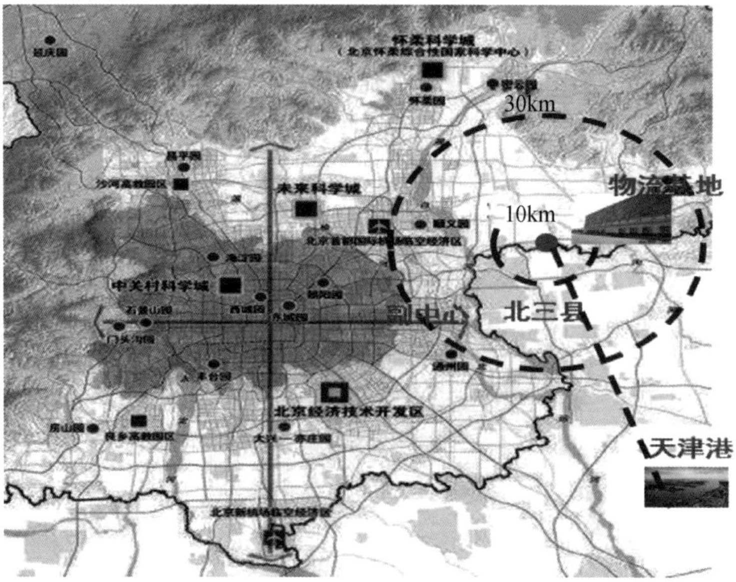

图 5-6 平谷马坊站示意

周边公路条件：集疏运条件良好，紧邻密三路、顺平南线、京平高速等多条高等级公路，且与五环内日间货车限行政策无冲突。

场站分析：正在开展物流基地与铁路马坊站一体化规划（二期）；可支撑北京市东北部和副中心矿建材料需求，也可服务于三河、大厂、香河北三县，辐射天津港。

搅拌站供应：可支撑东北方向搅拌站日常生产所需矿建材料供应。

（2）京南昌达站（图 5-7）

基本情况：产权属祥龙集团，面积 66 万 m^2，具有两条铁路专用线。

周边公路条件：集疏运条件良好，紧邻京开高速、南六环路，周边路网通行条件良好，且与五环内日间货车限行政策无冲突。

场站分析：南部货运通道的重要节点，既可支撑北京市南部货物集疏运（亦庄开发区），也可服务于新机场，可作为公、铁、航衔接的一级仓储配送枢纽。

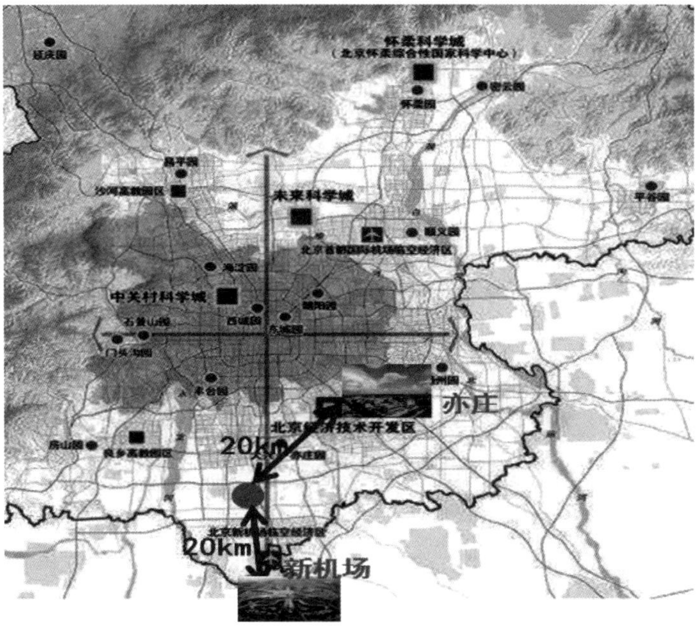

图 5-7　京南昌达站示意

搅拌站供应：可支撑东南、西南方向搅拌站日常生产所需矿建材料供应。

综合北京城市总规、北京物流专项规划、各分区规划及主要产业发展趋势预测，基于对建设时序的考虑，预计“十四五”期间，物资密集区域将由“一核三组团”向“双核四组团多中心”转变，最终在 2035 年形成“双核六组团多中心”分布格局。

5.2.3 专用物流装备研发

砂石骨料运输方式的变革需要解决砂石骨料专用运输装备的开发问题，各相关单位进行了绿色运输方面的创新性实践。

（1）新能源车短途接驳

长距离、大载重的货物更适合铁路运输。接驳运输方面，将试点使用新能源电动汽车用于“公转铁”项目。国内新能源重卡发展中存在一些障碍：一是相对于新能源客车来说，新能源重卡成本较高，车企负担较重，研发、推广的动力没有被完全释放；二是新能源重卡需要配备大容量电池，自重较大。如果按照传统车辆载荷标准要求，新能源重卡的装载量较少，这会让其经济性有所下降，影响用户采购的积极性。

换电式纯电动重卡可实现全自动换电，换电时间平均 5min/ 台，换电站电池箱充满约 1h。据新能源汽车项目相关负责人介绍，换电式纯电动重卡的推广有着诸多优势：可以在几分钟内快速完成换电作业，更加适合重卡高频运营车辆的需求，可提高车辆运营效率、提高回报率和便利性。此外，在经济层面，由于载电量大，纯电动重卡的价格与燃油车差距悬殊，市场压力巨大。而换电模式意味着车电分离，用户只需一次性支付或租赁不含电池的车体，把换电作为类似加油的使用成本，从而可以大幅减少初期投入。换电模式有利于对电池集中专业化管理，延长电池使用寿命，也有利于电池梯级利用（图 5-8）。

图 5-8　智能无人换电站

新能源重卡车适合 120km 以内的运输距离。从密云威克冶金矿山到昌平、怀柔及朝阳部分搅拌站的砂石骨料运输可直接采用新能源车运输，平均运距在 90 ～ 100km。当前新能源车市场投放量较低，据测算，如果全市 10%（约 1000 万吨）建筑砂石采用新能源重卡接驳，至少需要 200 ～ 250 辆。由于电动车购置成本高，为燃油车的 2 ～ 3 倍；同时因为电动重卡电池自重大，比燃油车少拉 3 吨。因此，建议出台相关鼓励和促进政策，培育市场主体，促进绿色运输。

（2）砂石骨料专用集装箱

与传统运载煤炭等轻物质不同，由于砂石骨料体积密度较高，按照传统集装箱核定载重量，集装箱不能满载，多余空间所耗用钢材还占用一定质量；且在转入公路交通时，不能满足部分路段桥梁限高等要求，因此，需要开发出适合装载砂石骨料的专用集装箱。北京市物流企业已开发出砂石骨料专用集装箱，并与充电式新能源运输车进行了匹配试验（图 5-9）。

图 5-9 砂石骨料运输纯电动车及专用集装箱

5.2.4 初步实践

（1）建筑砂石骨料绿色运输

目前京哈、京原、丰沙、京通等铁路线基本打通，平谷马坊、大兴黄村、丰台大红门、丰台西、丰台大灰厂站（新兴际华国际救援科技公司专用线）、房山站、顺义牛栏山、朝阳百子湾、朝阳双桥、怀柔站（金域黄金专用线）、河北沙城站（沙西专用线）、大厂站共 12 个货场基本具备接货条件，首钢等闲置专用货场的启用工作正在协商中；砂石运输专用集装箱完成开发，短途接驳纯电动重载货车已投入运营 100 余辆。截至 2020 年 10 月底，已经累计通过铁路运输砂石约 280 万吨，使用新能源车运输的砂石超过 100 万吨（图 5-10）。

图 5-10 2018 年 6 月 12 日首趟绿色砂石骨料专列进京

（2）水泥绿色运输

市住房城乡建设委专程前往内蒙古等地调研，引导当地水泥以铁路运输方式供应北京，并在2019年实施的北京市地方标准《预拌混凝土绿色生产管理规程》和该规程执行情况的专项检查通知文件中提出了水泥“公转铁”的相关要求。北京水泥企业生产水泥只能满足北京建设所需水泥的1/4。大部分水泥需从外地运入。平均一天要运进近36000吨水泥。对于距离北京超过200km的水泥企业如要将水泥销到北京，需要满足以下3个条件：

一是该水泥企业须通过清洁生产审核，其生产过程排放要符合当地环保要求。如当地环保标准严于国标，则须是按地方标准生产的水泥；

二是水泥散装率须达到100%，即企业要以散装方式供货；

三是距北京超过200km时，宜采用“公转铁”集装箱联运。

水泥“公转铁”运输采用专用罐式集装箱（图5-11），近两年引导内蒙古水泥企业“公转铁”进京，累计采用“公转铁”运输水泥超过50万吨。“公转铁”水泥从沙良货运站运往北京市石景山南站，助力北京地区疫情期间重点建筑工程复工复产。

北京的创新性实践，证明了砂石骨料水泥的全程绿色运输具有落地的可实施性。

图5-11　进京水泥“公转铁”绿色运输

5.3 北京市绿色砂石供应链建设模式的带动作用

5.3.1 对节能减排的贡献

北京市在2018年5月发布的细颗粒物（$PM_{2.5}$）来源解析研究成果表明：本地排放中重型柴油车等移动源占比达45%。除了直接排放的$PM_{2.5}$外，还有一部分是由于排放到空气中的二氧化硫、氮氧化物等通过转化形成二次 $PM_{2.5}$。北京本地 20 多万辆重型柴油车和 10 多万辆经常"借路"北京的重型柴油车，已成为影响北京空气质量的污染大户和较难治理的移动污染源。为打好污染防治攻坚战，砂石骨料绿色运输势在必行。

（1）不同运输模式能耗比较

目前，北京市铁路机车基本上为电力驱动的电力机车，在能耗比较测算过程中，铁路机车均为电力机车。

根据北京交通发展研究院提供的测算方法，公路铁路不同运输模式能耗比较如下。

铁路公路货运量：根据铁路场站调研信息，铁路运送建筑物资约为 3000 吨 / 列，每辆车运输 30 ～ 35 吨。经计算，平均一列铁路班列到达约需 100 辆公路货车接货。

铁路公路单位公里油耗：根据北京市统计局统计数据，2017 年铁路电力机车运送货物耗电为 100kW · h/（万吨 · km），折算为每吨货物耗电为 0.01kW · h/km。30 吨重型柴油货车油耗约为 0.23kg/（吨 · km），折算为每吨货物油耗为 0.008kg/（吨 · km）。

油耗折算系数：根据北京市统计局 2018 年能源统计、水统计报表制度，柴油折算标准煤系数为 1.4571kg 标准煤 /kg，电力（当量）折算标准煤系数为 0.1229kg 标准煤 /（kW ·h）。

能源比较：为便于比较，选取运输 1 万吨矿建材料，100km 运距作为计算条件，铁路运输消耗 1229kg 标准煤，公路运输消耗 11656.8kg 标准煤。根据测算结果：运输 1 万吨矿建材料，100km 运距条件下，铁路运输能耗约为公路运输能耗的 1/10（表 5-1）。

表 5-1　公路运输与铁路运输能源消耗测算

运输模式	单位能耗	折算系数	货运量（吨）	里程数（km）	消耗标准煤（kg）
公路	0.008kg 柴油（吨 · km）	1.4571kg 标准煤 /kg 柴油	10000	100	11656.8
铁路	0.01（kW · h）/（吨 · km）	0.1229kg 标准煤 /（kW · h）			1229

（2）NO_x、$PM_{2.5}$ 排放

在铁路运输模式下，无污染物排放。在公路运输模式下，排放标准不同的柴油车，污染物排放因子不同，污染物排放量也有显著差异（表 5-2）。

表 5-2　公路运输模式下污染物排放

运输模式	排放因子（g/km）		货运量（吨）	所需车辆（30 吨 / 辆）	里程数（km）	污染物排放量（g）	
	NO_x	$PM_{2.5}$				NO_x	$PM_{2.5}$
国Ⅲ	7.934	0.243	10000	333	100	264202.2	8091.9
国Ⅳ	5.554	0.138				184948.2	4595.4
国Ⅴ	4.721	0.027				157209.3	899.1
铁路	—	—				0	0

据北京交通发展研究院测算，在运输1万吨矿建材料，100km运距条件下，如全部使用国Ⅲ柴油车，公路运输所产生的污染物排放量为：NO_x 264.20kg，$PM_{2.5}$ 8.09kg；如改用国Ⅴ柴油车，公路运输所产生的污染物排放量为：NO_x 157.21kg，$PM_{2.5}$ 0.90kg。

（3）碳排放

从碳排放角度分析，铁路运输的排放强度（也可称为“排放因子”）小于公路运输的排放强度，以铁路替代公路干线运输，具有显著的温室气体减排效应。根据北京环境交易所计算的“公转铁”二氧化碳减排量，如表5-3所示。

表5-3 减排量计算

项目	排放因子［吨 CO_2/（万吨·km）］	货物周转量（万吨·km）	数值（吨 CO_2e）
基准线排放（BE）	0.282	100	28.2
项目排放（PE）	0.066	100	6.6
减排量（ER）	—	—	21.6

由表5-3可见，按照货物周转量100万吨·km计算，二氧化碳的减排量达到21.6吨 CO_2e。

5.3.2 对全国大宗建材物资绿色运输相关要求

2019年11月4日，工业和信息化部联合发展改革委等十部委印发《关于推进机制砂石行业高质量发展的若干意见》（工信部联原〔2019〕239号），提出到2025年，形成较为完善合理的机制砂石供应保障体系，产品质量符合现行《建设用砂》（GB/T 14684）等有关要求，以Ⅰ类产品为代表的高品质机制砂石比率大幅提升，年产1000万吨及以上的超大型机制砂石企业产能占比达到40%，利用尾矿、废石、固体废弃物等生产的机制砂石占比明显提高，“公转铁、公转水”运输取得明显进展。万吨产品能耗（不含矿山开采和污水处理）以石灰石等软岩为原料的不高于10吨标准煤，以花岗岩等中硬岩为原料的不高于13吨标准煤，水耗达到相关要求，矿山建设、生产要符合现行《砂石行业绿色矿山建设规范》（DZ/T 0316）。培育100家以上智能化、绿色化、质量高、管理好的企业。以实现机制砂石产业现代化、集约化、规模化、标准化、生态化，引导机制砂石行业高质量发展。

2020年3月，发展改革委会同工业和信息化部、自然资源部、生态环境部、住房城乡建设部、交通运输部、水利部、市场监管总局等十五部门和单位，联合印发了《关于促进砂石行业健康有序发展的指导意见》，其中提出：推动机制砂石产业高质量发展，推进砂石中长距离运输“公转铁、公转水”，减少公路运输量，增加铁路运输量，加强不同运输方式间的有效衔接，推进铁路专用线建设，对年运量150万吨以上的机制砂石企业，应按规定建设铁路专用线。鼓励和支持综合利用废石、矿渣和尾矿等砂石资源，实现“变废为宝”。鼓励利用建筑拆除垃圾等固废资源生产砂石替代材料，清理不合理的区域限制措施，增加再生砂石供给等项规定。

北京市开展绿色砂石供应链建设具有重要的参考和示范意义，在具体推广过程中还需着重考虑以下几个方面。

（1）铁路运力亟待优化、提升

到 2025 年，进京铁路给建材运输的运力最多达到 2500 万吨，不到建材总运量的 10%，仅达到建筑砂石运量的 25%。对于量大面广的建材运输，公路运输依然是“主力军”。因此，在砂石、水泥、钢筋 3 个领域着重推广“公转铁”和新能源车运输。而目前北京市矿渣粉年用量约 250 万吨，粉煤灰年用量约 300 万吨，此类量少、分散建材宜逐步采用国Ⅴ、国Ⅵ柴油车运输。

（2）发挥政策激励作用，调节公铁价差

对公路和铁路运输这两种货运方式在不同运距下的经济效益进行计算和比较分析结果表明：按照铁路与公路原始运价计算，当运距为 350km 时，公路和铁路的运输总费用相同；运距小于 350km 时，公路运输费用较低；运距大于 350km 时，铁路更有竞争优势。当铁路运费下浮 40% 或公路运输实施治超严控措施时，运距为 175km 时，公路和铁路的运输总费用相同；运距小于 175km 时，公路运输费用较低；运距大于 175km 时，铁路更有竞争优势。

砂石、水泥运输本着“宜公则公、宜铁则铁”的原则，大力推进绿色运输，并充分发挥激励型政策的组合和正向引导，将有利于货运企业主动选择绿色运输模式，从而为大宗建材绿色运输模式的可持续发展打造更加有利的发展环境。

（3）整合供应链上下游企业，实现全产业链转型升级

砂石骨料、水泥绿色供应链涉及上游的采矿业和下游的建筑业，通过加强生产、运输和使用促进行业规模化整合和绿色升级转型，加强运输与上下游产业链的结合，集成上下游产业各自优势，可为运输结构调整提供更广阔的发展空间和可持续开展的强大原动力。

目前，北京通过创新性实践形成了具有自身特色的绿色供应链建设方案，形成了很多新技术、新的组织模式，只有将实践探索出来的经验形成模块化、规范化、流程化的模式，并依据各地特色进行个性化开发，才能便于进一步向全国范围内推广。同时，加强技术标准的制定和引导，从而加速砂石骨料、水泥实现全程绿色运输的进度。

6 展　望

党的十九大报告指出，我国社会的主要矛盾已经转化为人民日益增长的美好生活需要和不平衡不充分的发展之间的矛盾。《中共中央关于制定国民经济和社会发展第十四个五年规划和二〇三五年远景目标的建议》中指出，“十四五”时期经济社会发展要以推动高质量发展为主题，必须贯彻创新、协调、绿色、开放、共享的新发展理念。

中国特色社会主义已经进入了新时代，人民群众对美好生活的需要越来越强烈，过去人民“盼温饱”，现在“盼环保”，绿色代表了人民的新梦想。随着人们生活水平的不断提高，以前那些不利于人与自然和谐共生的生活方式及习惯一定要改变。探索绿色发展的模式创新、技术创新和工程创新，是绿色发展能够最终实现的技术和现实根据。“十四五”时期，北京市混凝土行业进入新发展阶段，必须深入贯彻新发展理念，构建新格局，这是行业健康前行的客观实际，也是努力奋斗的方向和目标。

6.1 历史使命

预拌混凝土是可持续发展不可或缺的大宗材料生产和物流产业，预计未来 5 年，北京市民用建筑还要增长 1.8 亿 m^2，城乡建设每年还需要预拌混凝土量 4500 万～ 5000 万 m^3。确保社会经济安全发展、建筑工程高质量发展，这一切都离不开混凝土行业的基础性和功能性定位。

预拌混凝土产业是消纳城乡固废的重要产业。环京数十亿吨矿山废石、尾矿如果能转化为混凝土骨料，既可以弥补北京市日益紧缺的原材料不足，还为固废资源综合利用找到了最佳解决方案。以工业废渣作为混凝土中的活性矿物掺和料是实现混凝土绿色化的重要途径。以粉煤灰为例，每年我国粉煤灰产出近 4 亿吨，居世界首位，如不能很好利用便会对环境造成二次污染。而在混凝土中加入粉煤灰，除了提高混凝土的抗腐蚀能力外，还可以有效地提高混凝土的质量。在配制相同等级混凝土的情况下，可以减少水泥用量的 10% ～ 15%；从环境保护角度讲，在可以有效减少水泥用量的同时，也上升到了节能减排、保护资源的层面上。

预拌混凝土是城市应急抢险的重要保障。北京作为超大城市，确保安全运行是城市管理的首要任务，而路面塌陷、暴雨等灾害时刻威胁着城市的正常运行，这些都离不开混凝土的应急抢险功能。未来随着城市管理的精细化，预拌混凝土行业必将为确保城市安全运行筑起一道坚固的防线。

预拌混凝土搅拌站是城市新的工业景观。随着混凝土搅拌站从粗放式管理向精细化管理的升级，特别是全封闭改造之后，北京市的混凝土搅拌站逐渐摆脱了传统“傻大黑粗”的形象，越来越赋予城市工业之美。随着减量集约高质量发展格局的逐步构建，标杆站逐步替代传统站点，混凝土搅拌站在城乡之间的空间分布趋于合理。不断提高清洁生产和环境保护水平。在符合生产工艺要求条件下，通过工业建筑造型设计，工厂建筑与周边环境融合，为城市增色添彩，甚至成为周边的景观建筑。

6.2 科技赋能，提质增效

① 积极采用大数据、云计算和“互联网 +”等信息化技术，实现预拌混凝土的精细化、智能化生产和质量控制，满足工程建设的个性化定制、柔性化生产要求。发展原材料品质标准化、供应保障智能化，减少或去掉砂石原料堆场，减少占地面积，提高土地利用价值。

② 推广智能制造技术。研究开发推广预拌混凝土智能制造共性技术，充分利用传感技术和信息采集技术，改造 / 建设智能化的预拌混凝土搅拌站 / 工厂，将采购、调度、生产、物流、技术、财务六大混凝土企业核心业务融为一体，形成智能生态链，实现优质高效管理。

③ 加快运输绿色化。利用集装箱装载运输砂石骨料，鼓励市内短途接驳使用新能源车。试点新能源混凝土搅拌运输车。搅拌站的最大特性是物流的吞吐量大，和道路交通有着密不可分的关系。车辆的装载能力、排放标准、噪声、行驶安全等要符合国家相关规定。完善新能源车的配套工作。鼓励并加快开发完善节能、高效、低噪声、无排放、安全可靠的新能源车。

④ 研发全天候新型洗车系统。鉴于北京市的气候特点，解决冬季洗车问题，防止道路扬尘需要开发相应的设备设施，实现冬季洗车后车辆安全运行。

⑤ 推广节能降噪生产设备。研究开发节能降噪的生产设备，持续降低搅拌机组及附属设施的能耗水平，用更加合理的工艺和方式，减少单方混凝土的能耗，降低设备的噪声，持续改善人员的工作环境。

⑥ 推广可再生能源应用场景。在北京市气候条件下，冬季施工需要混凝土入模温度在 5℃以上，一般均采用骨料加热或水加热的方式。需要研究可再生能源加热或制冷方式，降低行业综合能耗。

⑦ 制定、完善固废综合利用相关技术标准。

6.3 构建减量集约高质量发展格局

① 减量集约发展目标。全市预拌混凝土到 2025 年年底，设计产能同比 2019 年大幅减少。标杆示范站单站规模≥ 200 万 m^3/ 年，产能利用率≥ 40%，前 10 家企业市场集中

度逐步提升。

② 高端制造目标。综合利用智能传感技术、自动控制技术、人工智能技术、计算机网络技术和现代管理技术，实现预拌混凝土生产管理、质量管理、设备管理、能源管理、安全环保、辅助决策、物流管理等全过程的数字化、模块化、可视化、集成化、智能化，实现预拌混凝土生产质量、能耗、效率管控的最优化。

③ 标杆示范站绿色环保目标。设计符合绿色生产要求，通过工业建筑设计建设景观式工厂。生产性清洗废水 100% 回收利用，雨水实现回收利用。废浆、固废回收利用率达到 100%。执行现行《工业企业厂界环境噪声排放标准》（GB 12348）标准。普通混凝土 100% 使用矿山废石、尾矿和固体废弃物再生骨料。混凝土单方能耗不高于现行《预拌混凝土单位产品能源消耗限额》（GB 36888）标准要求。实现产品运输低能耗、低排放、无遗撒，泵车、车载泵出厂行驶零污染。保持混凝土搅拌运输车清洁干净、出厂运输车无粘留混凝土和泥土等污渍。有效降低二氧化碳排放量，实现碳排放管理，鼓励在生产环节中使用可再生能源。厂区绿化率≥ 10%。水泥选用达到国家清洁生产标准的产品，选用高性能、环保型混凝土外加剂，砂石骨料选用绿色生产基地产品。

④ 优化产业布局、提高建设标准。大幅减少中心城区及六环内搅拌站数量，以产能减量置换的方式，引导预拌混凝土搅拌站向六环外区域迁移，减少搅拌站对周边社会交通的影响。依据北京市各行政区域预拌混凝土需求量，综合考虑预拌混凝土材料特性、运输半径及原材料就近供应等因素，优化预拌混凝土站点布局。鼓励兼并重组。鼓励并支持预拌混凝土集团实施兼并 / 联合重组，对全市预拌混凝土企业进行有效整合，发展大型预拌混凝土企业集团并做优做强，提高产业集中度，提升行业发展质量与管理水平，优化产业结构和市场秩序；发挥大型企业集团在市场配置资源和技术创新、商业模式创新、淘汰落后等方面的优势，加快绿色制造、智能制造和信息化管理方面的技术改造升级，发挥创新引领作用。

⑤ 鼓励预拌混凝土企业延伸产业链。联合重组上游砂石骨料企业，发展单一粒径高品质砂石骨料，确保砂石骨料供应质量，提高预拌混凝土产品质量及稳定性；产业链下游向现场施工延伸，提供整体性服务，由提供中间产品向提供最终产品转变，确保混凝土工程质量。

逐梦数十载，铸就绿色路。混凝土搅拌站从无到有，从起步到发展壮大的那一天起，就承载着绿色发展的梦想。推进绿色、低碳发展关乎人类未来，北京市混凝土行业始终将绿色作为发展的底色。“十四五”时期，北京市预拌混凝土行业必将深入推进绿色低碳转型，迈向高质量发展新阶段。

附录　搅拌站绿色生产管理通用管理制度范本

为规范绿色生产管理活动，提高绿色生产管理质量，保证绿色生产管理要求落实，确保记录与数据的真实可靠，绿色生产管理制度应包含以下内容。

1. 建立组织机构

① 由公司（站）主要领导负责，成立绿色生产组织机构，并明确常设办公机构。

② 明确组织机构的职责，确定组织机构工作机制。

③ 建立组织机构责任制。

2. 制定绿色生产管理制度

① 明确绿色生产管理制度的要求。在混凝土生产、运输（含原材料运输）及使用的活动中，以节能、降耗、减排为目标，以管理和技术为手段，实施混凝土生产全过程污染控制，使污染物的产生量最少化。

② 确定绿色生产管理制度制定、修编责任。明确负责绿色生产管理制度制定与修编的部门，如综合办公室负责制定、修编和保持绿色生产管理制度。

③ 确定绿色生产管理制度的发布与实施程序。绿色生产管理制度制定后，应经有关部门联合审议和签字认可，最终由最高管理者签署实施。

④ 明确绿色生产相关的岗位、人员配备及应具备的基本条件、具体职责，关键岗位核发任命书。首先应明确绿色生产管理的全员性，与混凝土生产直接相关的部门为直接责任部门。细化各直接相关岗位的职责、人员配备、人员素质要求等条件。

⑤ 绿色生产相关的资本投入申请、审批及实施的相关规定。财务部门配合绿色生产组织机构配备绿色生产所需仪器设备、外部培训、检测等各项费用的申报、发放工作。

⑥ 会议制度。每季度或半年组织召开绿色生产例会，听取和讨论绿色生产相关问题，研究解决办法，传达绿色生产管理机构发布的指令、计划、改进建议、奖惩措施等。特殊情况下，由绿色生产组织机构负责人组织召开临时或紧急绿色生产管理会议，解决绿色生产相关的临时或紧急问题。年终召开年度绿色生产专题会，总结全年绿色生产管理工作，制订下一年的总体工作计划等。

⑦ 划分卫生责任区、负责人及具体工作标准。以生产环节、工作场地、重要设备所在地等为依据划分卫生责任区，明确负责人并提出工作和清洁标准，保证责任区的卫生清洁。

⑧ 节能降耗责任划分与工作标准。提出搅拌站整体节能降耗的工作标准和具体要求。

⑨ 确定新能源应用负责部门、负责人、实施计划，以及与绿色生产相关的技术创新、工艺改革等。明确使用新能源的种类，制订实施计划，监督计划落实情况。

⑩ 生活垃圾分类管理。生活垃圾实施分类，利于垃圾处理和资源化利用。

⑪ 确定环境自我检测（监测）具体要求，明确出现检测（监测）数据异常情况的处理程序。

⑫ 成立绿色生产管理考核小组。负责按规定考核各有关岗位或个人，并根据考核结果，对于未按规定执行或者执行不到位的岗位或个人给予一定处罚；对于提出合理化建议或者通过小改小革、发明创新减少污染物排放，利于环境保护和环境改善的给予一定奖励。明确不同情况下奖励或处罚金额、范围、主要奖励人员等。

3. 原材料采购、运输、存储的粉尘、噪声控制工作标准与实施细则

（1）原材料采购与运输

① 物料进出站的扬尘与噪声控制由材料部门负责，具体责任应落实到人。

② 招标文件应明确要求原材料生产与运输必须遵纪守法，原材料的证照齐全，骨料应有开采证等。

③ 原材料采购合同中应根据招标文件的要求增加绿色生产有关条款。明确原材料生产和运输的绿色环保责任。

④ 流散物料必须覆盖严密，不得遗撒，如果因遗撒影响搅拌站绿色生产，搅拌站将根据合同规定给予供应商一定的经济处罚。

⑤ 运输车辆接近搅拌站时应减速慢行，进入搅拌站时速度不超过 5km/h，降低扬尘与噪声排放。

⑥ 骨料车辆进入卸料地点才能揭开覆盖卸料，卸料完成后应彻底清理轮胎、槽帮等处的残余物料，确认不会造成道路遗撒才能离开搅拌站。必要时，经双方协商，可以在搅拌站洗车设备处清洗干净后离开。不得通过大幅磕撞车厢底板振落物料，以免造成严重噪声污染，如因此造成噪声污染投诉，搅拌站将依据合同规定给予一定经济处罚。

⑦ 粉体物料运输罐体应清洁，进行粉料吹送时，必须确保连接牢固，避免发生漏料问题或安全事故。吹灰过程驾驶员应全程守护，一旦出现异常情况应立即采取纠正措施。吹送过程出现报警现象时，应立即通知搅拌站材料管理人员排除故障。

⑧ 粉料仓吹送口、粉料仓筒体应保持清洁，不得有料迹。一旦出现吹冒现象，应采用湿作业彻底清理吹飞的粉料。

⑨ 粉料运输车离开搅拌站时，轮胎、罐体及检查孔必须清理干净，不能有残余粉料，以免车辆高速行驶时粉料飞扬污染空气。

⑩ 材料管理部门应建立物料供应车辆或供应商的绿色生产影响档案，作为招标评标参考。物料运输过程中出现扬尘、噪声严重超标或不执行搅拌站绿色生产管理规定时，物料管理部门或人员有权开具处罚单，同时将处罚记录录入信息化管理系统。

（2）原材料存储

① 原材料存储的绿色环保措施由材料部门负责，具体责任应落实到人。

② 粉体材料筒仓应干净整洁，出现料迹应及时清理，每年应检查筒仓密闭情况，发

现问题立即修整。

③ 骨料存储大棚应封闭严密，不得透光，一旦因故出现破损，应立即修整，保证大棚完整密闭。

④ 外加剂罐体周围应保持清洁，外加剂管道不得出现滴漏现象，一旦发生滴漏应及时修理。

4. 生产过程中粉尘、噪声、洗刷水及遗撒混凝土控制工作标准与实施细则

① 生产过程的绿色环保措施由生产部门负责，具体责任应落实到人。

② 定期检查粉体材料与外加剂料配料装置的密闭程度，检查骨料仓喷雾降尘系统的有效性（采用立体高位筒仓存储骨料的除外），不得出现粉尘泄漏、外加剂飞溅、骨料仓喷雾装置失灵等情况，发现存在污迹或装置失灵应及时清理或维修。

③ 定期检查皮带廊、螺旋输送机、外加剂泵等配料输送装置，发现问题及时解决。

④ 定期检查搅拌机密封情况及搅拌机卸料口的密封情况（针对有密封装置的搅拌站），出现扬尘、滴漏等情况应及时修理。

⑤ 搅拌机卸料口下方应设专人保持清洁，清理的混凝土应通过砂石分离机分离或制作小型构件等，实现有效利用。

⑥ 检验与试验用原材料剩余部分应集中送回原材料库；试验用混凝土拌合物剩余部分应重新装入混凝土搅拌运输车；破型试件应通过破碎作为骨料使用或采用其他方式有效利用。

⑦ 清理搅拌机或其他设备的残渣应作为固体废弃物统一处理。

⑧ 统计剩退混凝土数量，分析造成剩退混凝土的原因，并按照公司（搅拌站）的有关制度对超额剩退混凝土给予一定的经济处罚。

⑨ 搅拌机、搅拌机下料口、搅拌机装料区及搅拌运输车的清理用水应通过水循环系统流向砂石分离机，通过砂石分离机分离成砂石和浆水，实现砂石再利用和水的循环利用。

5. 运输过程中粉尘、噪声、洗刷水及剩退混凝土控制工作标准与实施细则

① 运输过程的绿色环保措施由生产部门或车队负责，具体责任应落实到人。

② 每月检查生产有关车辆运行状态、清洁程度、维修保养情况等，保持有关车辆的正常运行、光亮整洁、及时维修、定期保养等，并填写和保存《车辆月度检查记录表》，同时将记录录入信息化管理系统。

③ 车辆维修形成的废油、废机件及油污的工具等应交由专业回收处理机构处理。

④ 搅拌运输车装载混凝土后应及时清理，搅拌罐取样后及出站前应通过洗车设施或人工清理，保持车辆整洁。

⑤ 通过信息化手段随时掌握车辆的运输过程速度控制情况，出现违章驾驶应按有关规定对驾驶员进行处罚。

⑥ 混凝土搅拌运输车回到搅拌站，应按照规定将车辆驾驶到搅拌罐清洗地点，对搅

拌罐内的残余混凝土进行彻底清洗，并反转彻底卸除残渣与灰浆。

⑦ 砂石分离机分离出的砂石应再利用，浆水回收利用应满足有关标准的规定。

6. 卫生责任区工作标准与实施细则

① 卫生责任区可由综合管理部门负责，具体责任应落实到人。

② 按照功能、范围、使用部门等划分责任区，并定期检查责任区的卫生情况，卫生情况不达标的部门应对其负责人进行处罚。

7. 其他绿色生产相关工作的工作标准与实施细则

① 其他绿色生产相关工作包括节能、固体垃圾处理、生活垃圾及污水处理等，应根据实际情况划分责任部门与负责人。

② 搅拌站应建立全方位节能工作管理细则，并通过统计分析评价节能效果，对节能工作不力的有关部门和个人进行处罚。

③ 固体废弃物消纳应通过正规渠道进行，签订固体废弃物消纳合同，明确消纳过程各方职责等，防止固体废弃物随意处置造成污染。

④ 建立节约用水、节约办公用品及生活垃圾分类等工作管理细则，并综合评价实施效果。

⑤ 生活污水排放应满足有关标准规定，制定有效措施降低直接排入市政管网的生活污水量。

8. 粉尘、噪声自检自查工作标准与实施细则

① 确定粉尘和噪声排放点与监测点，画出平面图，标注排放与检（监）测位置。重要排放点现场设立标识牌，标注排放与检（监）测相关内容。

② 按照标准规定，定期检查粉尘排放点积尘情况，积尘严重时应通知维修部门检查除尘装置工作状态，发现问题及时维修，保证除尘装置运转正常。

③ 按照标准规定的厂界检测点检测噪声值，掌握噪声值的变化情况及可能出现超标的情况等。针对可能超标的情况，应该采取有效隔（吸）声措施降低出现超标的可能，保证企业的正常运转。

④ 保护好政府主管部门安装的摄像、粉尘和噪声监测仪器，确保数据真实有效。

⑤ 按照标准规定的周期聘请具有环保检测资质的第三方进行环境监测，并出具检测报告。

⑥ 根据需求确定其他需要检测（检测）的项目，通过自检自纠保证有关项目满足绿色生产的要求。

9. 绿色生产综合考核办法

① 绿色生产综合考核由绿色生产领导小组负责，由常设办公机构负责具体实施。

② 每半年或每年对绿色生产管理情况进行考核，并将考核结果与绩效挂钩，通过有效的奖惩措施促进绿色生产措施的落实。

③ 考核结果报绿色生产组织机构负责人审核，有关的奖惩措施报负责人批准后实施。

10. 应急预案

搅拌站应制定突发大量扬尘、噪声剧增及重污染天气应急预案，提高突发事件的处理效率，降低突发事件对环境及人体危害的影响程度。

（1）成立应急预案领导小组

① 根据不同的突发事件成立不同的领导小组，公司（搅拌站）主要领导人应作为应急领导小组负责人，确保能够及时调动和处置应急事件所需相应资源。

② 明确各相关岗位或人员在应急事件中应负的责任及工作标准。

③ 分析紧急环境事件出现的原因，制定相应措施避免类似事件重复发生。

④ 负责对应急预案处理过程中表现突出的岗位或人员予以表彰，对执行不力的予以惩戒。

（2）制定突发环境事件的应急处理程序

① 确定突发环境事件的报告程序。

② 成立不同类型突发环境事件的抢救、抢修或应急清理等作业队伍。

③ 按照不同类型突发环境事件进行应急抢救、抢修或应急清理。

（3）符合下列条件之一的，即刻终止应急环境事件的处置

① 事件现场得到控制，事件条件已经消除。

② 污染源的泄漏或释放已降至规定限值以内。

③ 事件所造成的危害已经被彻底消除，无继发可能。

④ 事件现场的各种专业应急处置行动已无继续的必要。

⑤ 已采取必要的防护措施以保护公众免受再次危害，并使事件可能引起的中长期影响趋于合理且尽量低的水平。

（4）突发环境事件的后评估

① 突发环境事件解决后，绿色生产组织机构负责人应召开专题分析会，分析事件发生的深层次原因，制定相应的预防措施，防止类似事件再发生。

② 对于事件的直接与间接负责人分别予以不同程度的处罚，并进行内部通报，让所有员工接受教训，引以为戒。

③ 对于事件处理过程中表现突出的岗位或个人给予一定奖励，并进行内部通报表扬，鼓励全体员工学习在应急环境事件处理过程中的积极献身精神。

参考文献

[1] 吴文贵，向卫平，王军，等 . 预拌混凝土的绿色生产 [C]// 中建商品混凝土有限公司 . 混凝土低碳技术与高性能混凝土 . 北京：机械工业出版社，2010.

[2] 混凝土，从灰色到绿色的可持续发展：2013 年欧洲混凝土及其制品考察纪实（一）[J]. 混凝土世界，2013（6）：22-34.

[3] 魏从久，张庆欢 . CCPA 美国混凝土之旅 [J]. 混凝土世界，2010（3）：38-43.

[4] 中国混凝土与水泥制品协会国际合作中心 . 日本、韩国预拌混凝土及相关行业发展调研报告 [J]. 混凝土世界，2019（6）：8-18.

[5] 北京市住房和城乡建设委员会，北京市市场监督管理局 . 预拌混凝土绿色生产管理规程：DB11/T 642—2018[EB].2019.

后　记

北京市预拌混凝土行业的绿色生产实践是贯彻《中华人民共和国环境保护法》《中华人民共和国大气污染防治法》《北京市大气污染防治条例》，以及北京市空气清洁行动计划和蓝天保卫战行动等系列任务的具体举措。在主管部门的统一指导和推动下，在企业努力下，行业的绿色生产取得了阶段性的胜利。为了更进一步地提高行业绿色生产水平，适应不断提高的要求，发挥首都企业的带头作用，需要对过去的经验和不足做出总结，因此，编辑本书是非常有意义的。

通过总结与回顾，在展望部分对行业提出了新的发展方向和重点任务，为主管部门制定政策、预拌混凝土行业技术提高、产业链上下游相关企业了解行业的需求提供一定的参考。

编辑过程中，北京市各区住建委、北京市混凝土协会、中国混凝土与制品协会、北京建筑材料科学研究总院、北京建工新材、北京金隅混凝土、北京亚东混凝土公司、北京榆构有限公司、北京班诺混凝土公司、三一重工、廊坊中建机械，以及北京市多家优秀搅拌站都给予了全力支持和无私的帮助，提供了很多历史资料和基础文稿图片等。成都市混凝土协会秘书长张伟，广州市混凝土协会秘书长李胜文，江苏省建筑钢结构混凝土协会常务副秘书长秦国新都提供了当地的资料。北京市勘察设计协会协助提供了获奖设计方案。王斌、胡颐衡、张雅芬、牛寅平、魏巍、向振宇、陈超、刘建江、曾波、张勇、陈涛、谢玲丽、李洪萍、张书翀、邱永侠、颜良、杨志强、董晓明、李春荣、于明、赵彩霞、唐修国、王海兵、申继军等同志对本次编辑给予非常大的帮助。

编写组对所有给予支持的单位、领导和专家表示衷心的感谢！对编写组的各位专家表示衷心的感谢！

经过编写组一年多的努力工作，本书终于要和大家见面了，由于水平有限难免有遗漏和错误，恳请各位读者不吝批评指正。

编　者

2021 年 8 月

绿色混凝土搅拌站优秀创意设计方案选录

“越·现混凝土搅拌站”方案

“越·现混凝土搅拌站”方案由北京理工大学高宣粤、王浩然创作完成，指导教师：姚健。

本方案主要为满足该搅拌站的办公空间、生产空间以及其他辅助功能空间的需求，力求在满足其功能性需求的同时将可持续发展观和新混凝土建筑的工艺引用到该方案中。该方案取名为“越·现”，“越”字寓意是越过城市原本的天际线，让混凝土搅拌站的设计与城市结合的同时，能够成为北京这个城市的一个景观雕塑，城市亮点。“现”字的寓意是当人们游走于周边道路时，该设计方案总能作为周边建筑的一个视觉焦点。

“越·现混凝土搅拌站”方案效果图 1

“可持续发展”理念是本方案的核心设计理念之一。建筑的表皮体现的不仅仅是混凝土工艺，同时大量的运用光伏技术，使得建筑本身成为一个巨大的太阳能发电厂；对于地面细节的处理，考虑到通过雨水收集系统、废水再利用系统，使场地内的水循环尽量最大化。

“越·现混凝土搅拌站”方案效果图 2

场地中柱体建筑的设计概念来自于花束的形态，借助花的造型加上可回收材料以及电脑参数化操作对混凝土模板进行设计制作，然后利用水的压力和流动的特性来适应不同的结构造型。因此，用水这个媒介作为现浇混凝土模板的支撑结构是本次设计方案的最大亮点。

“越·现混凝土搅拌站”方案局部透视图 1

“越·现混凝土搅拌站”方案局部透视图 2

“新砼站”方案

“新砼站”方案由北方工业大学建筑与艺术学院姜全成、王悠然设计完成，指导教师：马欣、张伟一。

创意：方案设计灵感来源于连绵的山脉，将生产线布置在连续的符合力学原理的骨架拱内。建筑外形美观大方，厂区规划高效集约。

创意元素：连绵的山脉

转型：为了促进北京市混凝土行业转型升级，方案在厂内设计了一条完全不干扰搅拌站生产的观览流线。包括建材科普展览，厂内参观和 DIY 家具创意工厂等。迎合了在千篇一律的城市中生活的人对私人定制的需求，促进青少年对现实世界的认知和学习。

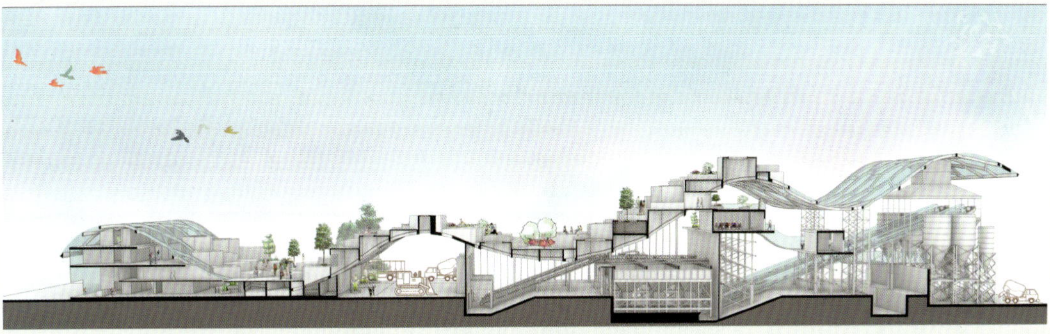

“新砼站”方案效果图 1

绿色：结合生产流线，设计了粉尘处理系统和噪声减弱系统，根据声学传播原理，通过腔体和空心体将噪声在传播过程中减弱。建筑的屋顶设计了景观平台，为观览的人提供了公共空间，增加了厂区绿化面积。提升了成区的工作环境。

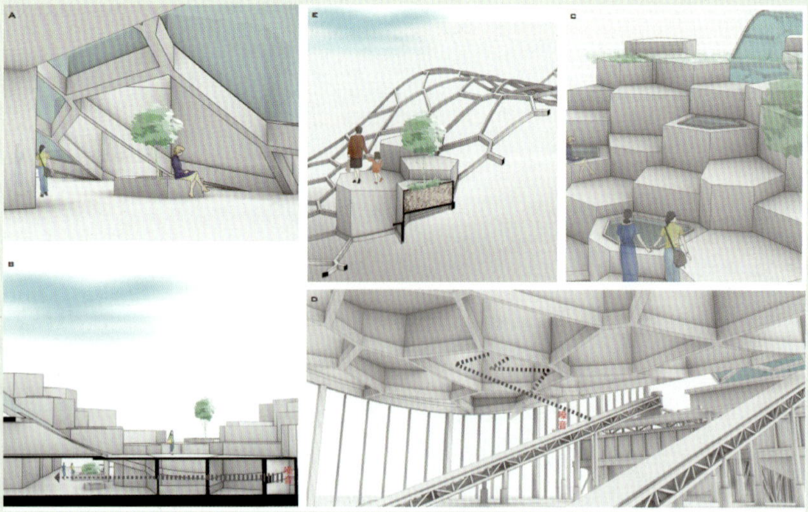

内部结构及景观平台

科技：通过结合搅拌站生产流线和找形，利用参数化算法求得连续的骨架拱，在实现建筑优美形式的同时生成了建筑结构。

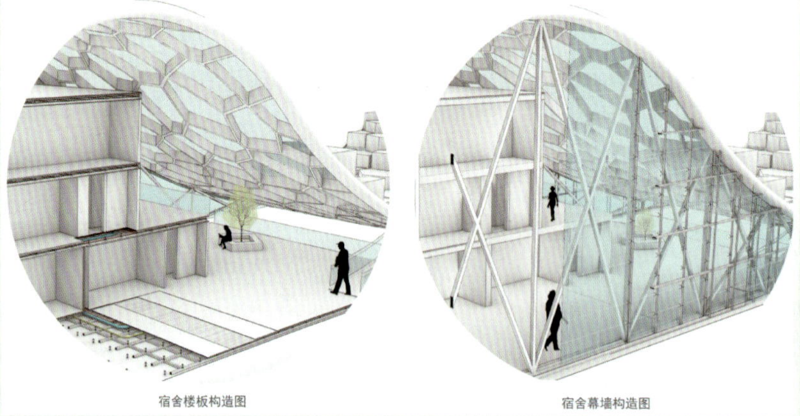

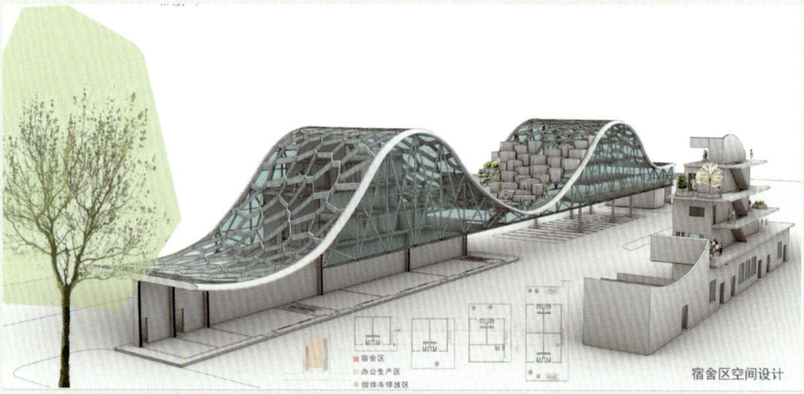

“新砼站”方案宿舍设计

“园 • 生”方案

“园•生”方案由北京工业大学建筑与城市规划学院苏弘毅、李建伟、董一池、刘孙卓然、梁田、丁阳权、张锦裕设计完成。

本方案为充分满足“绿色、高效、集约”的现代工业生产需要，符合“蓝绿交织”的总体城市风貌要求，在混凝土厂区整体设计中采取高标准的环保要求，力求实现“生态、高效、美观”的设计理念。

“园 • 生”方案分区式立体式新型搅拌站效果图

在厂区的总体规划中，将生产区与生活办公区分离，实现生产与办公居住的互不干扰和相对独立，同时着重于生产区的厂房、功能与流线设计。为最大限度地保证环保需求，厂房采用全封闭式，将整条生产流线包含在内，运用参数化的设计手法，设计厂房的外形和结构。

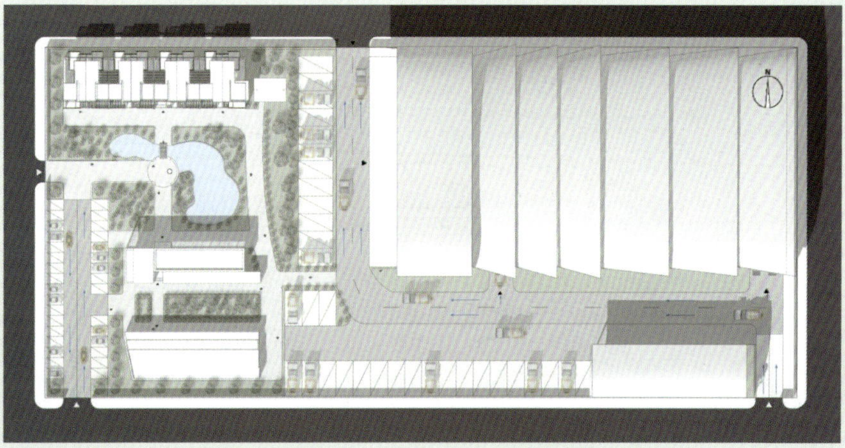

“园 • 生”方案分区式立体式新型搅拌站鸟瞰

起伏式的金属自支撑板外壳设计及钢筋混凝土和金属柱的混合结构，使厂房的设计在节省工程成本的同时也提供了生产区充足的室内工作空间，屋顶尺度逐步缩进式的设计为产房内部提供了充分的自然光线，还能够控制阳光的入射。同时这种设计布局可以根据不同制造区域，不同部门或按设备进行小分隔，让室内空间充分利用，相对独立。

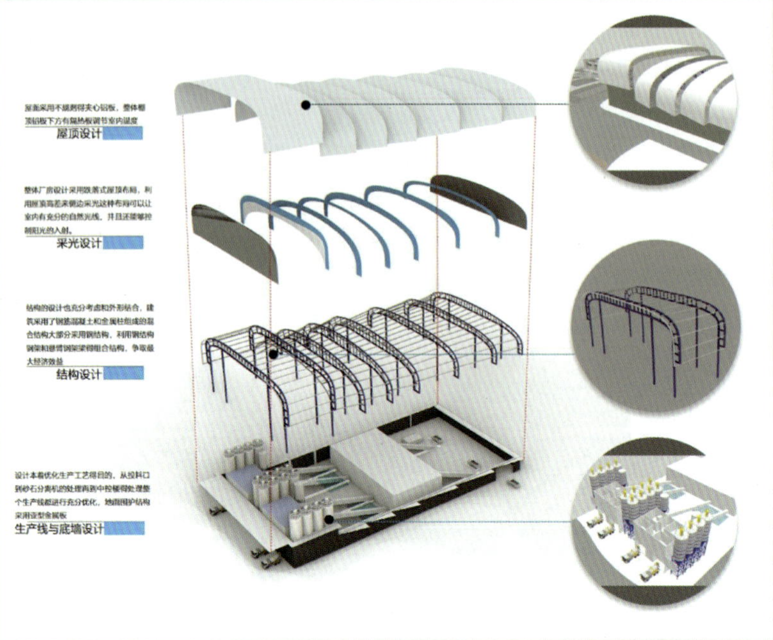

“园·生”方案分区式立体式新型搅拌站屋顶、生产线及底墙

“园·生”方案分区式立体式新型搅拌站厂房采光窗

“建筑如机械”方案

“建筑如机械”方案由北京交通大学建筑与艺术学院钱煜文、武思澈、尹嘉宁、刘人玮创作完成，指导教师：胡映东、张开宇、高巍。

本次竞赛的主题是混凝土搅拌站设计，设计要求中提出要对生产区进行外包的思路，设计团队在讨论后认为不仅需要对生产部份进行包装，同时需要尽可能的将生产部份的工业美感体现出来，让更多的人看到属于工业的设计，类似于 798 艺术区的再改造。

“建筑如机械”方案效果图

方案采用在整体的外壳上以传送带角度为参考对立面进行划分，将立面分成了两部分，上半部分采用穿孔铝板的设计，让更多的工业设备展现于大众。中间的线条在夜晚可以有灯光射出，起到了美化城市风貌的效果，同时提供给参观场地的人们更好的视野。另一侧立面上采用将维修通道与参观廊道相结合的设计，提供给人们更多互动的环节，让人们了解到有关混凝土生产的方方面面。

“建筑如机械”方案透视图

为了改善员工的生活环境，在场地的一侧结合停车场所设计了一些场地起伏——山地之丘，人们可以在上面活动，同时可以让办公的人们拥有更好的环境，提高工作者的生活质量。

“工业之丘”透视图 1

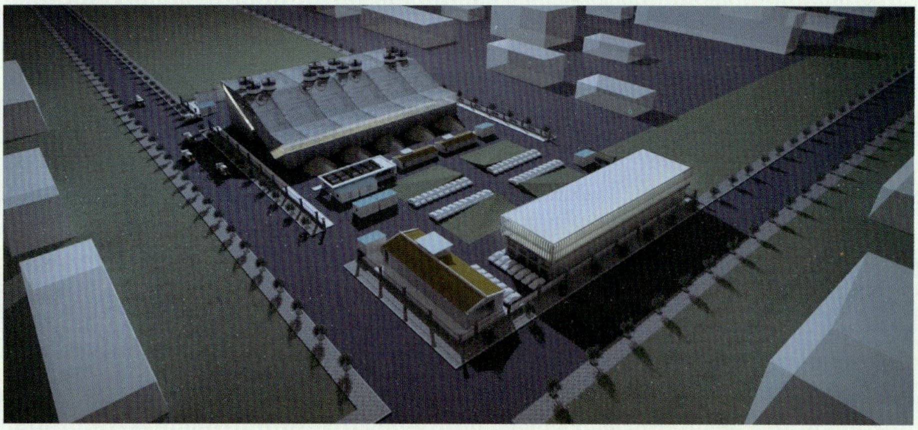

“工业之丘”透视图 2

“绿色重生”方案

“绿色重生”方案由北方工业大学建筑与艺术学院司文、高宇轩、张欣杰设计完成，指导教师：马欣。

该方案以混凝土搅拌站与城市的连接处（二者的边缘处），即交界处作为切入点进行设想。需要对产生灰尘量大的地方进行遮蔽，并最大程度地将其留在封闭的区域内，防止外泄：将城市市景中的元素，如居住、办公、展览、体验等，以及城市中精心布置的绿化种植等元素引入，同时保留其工业特征。

“绿色重生”方案效果图

运用虚实处理手法，加入灵活布置的建筑块及板块使内部庞大壮观的设备部分显露出来，体现厂区独特风格。

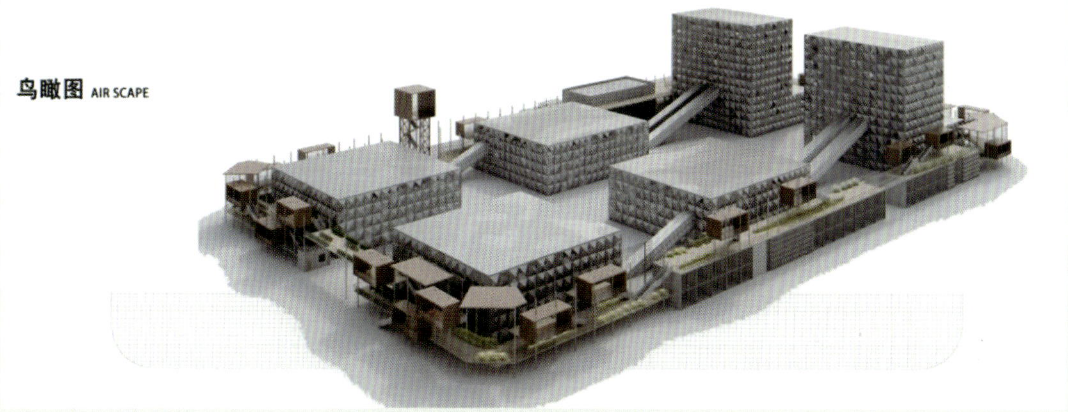

“绿色重生”方案鸟瞰图

工作人员宿舍与办公室及可能产生的新业态，以建筑块的形式被植入其中。绿廊与厂区内部的框架元素结合形成围绕厂区的框架组，并设置外露景观楼梯，在框架组上设置可以相互错动的并可以进行种植的平台，功能性房间打破了以往单调的单廊式，而采取小单元的形式散布在平台上，留出的空间作为绿化、场空间以及步行空间，形成以绿植与混凝土搅拌站元素为鲜明特征的特色工业社区。

“绿色重生”方案构造图 1

“绿色重生”方案构造图 2

“红点”方案

“红点”方案由北京榆构集团段志成创作完成。

本方案遵循集约高效、绿色发展、节能环保的设计理念，规划方案在满足混凝土生产工艺及设计任务书的前提下，采用极简主义设计语言，功能分区尽量集约和简化，所有辅助功能均在生产区一侧布置，提高用地利用效率，减少土地资源的浪费。减少非必要的道路连接，为绿化和其他设备预留空间，并让园区内部更具对称感。

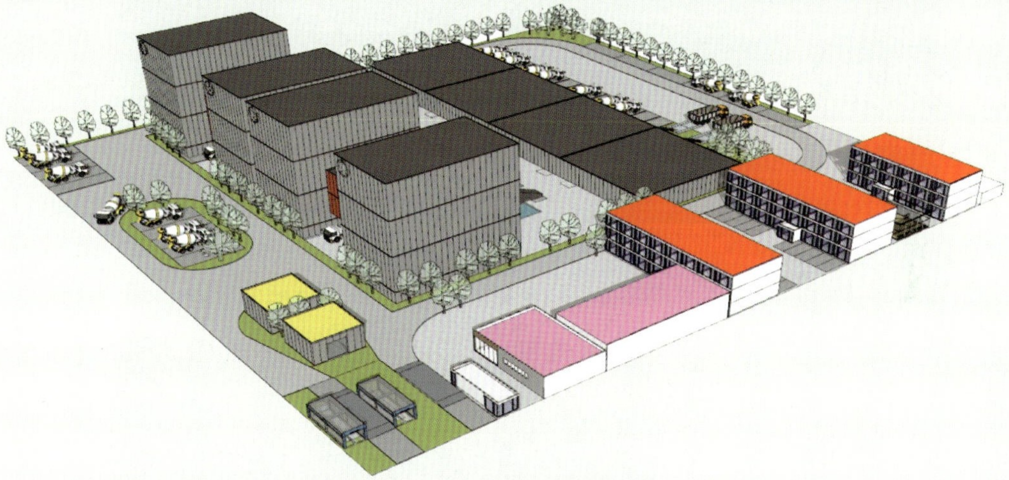

“红点”方案鸟瞰图 1

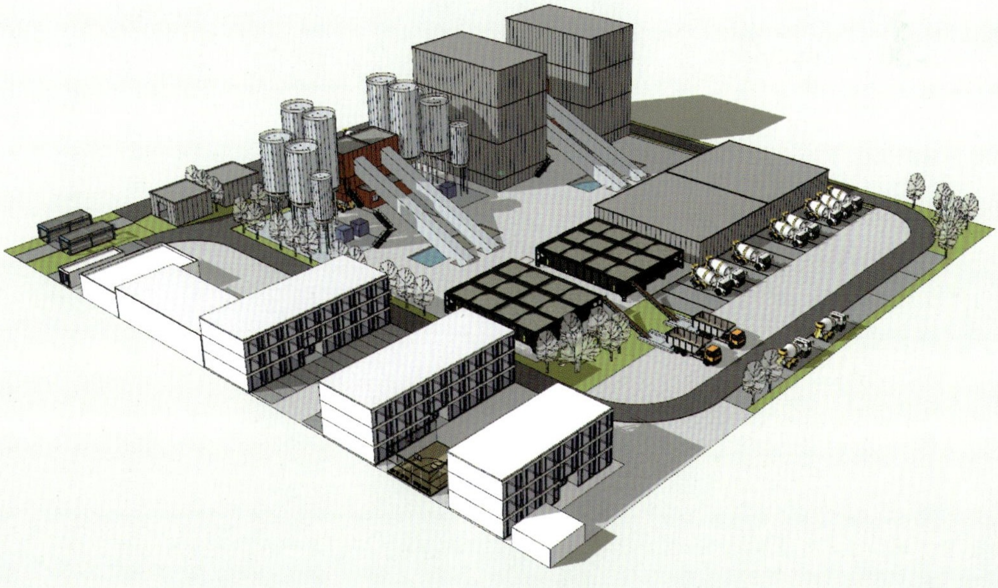

“红点”方案鸟瞰图 2

方案以工业设计上经典黑红配色为立面色调基础，采用模块化安装方式，将料仓、传送带、料筒封闭或半封闭，整体协调统一，立面整体对称，具有很强的肃穆感，同时通过颜色变化可产生各种效果。

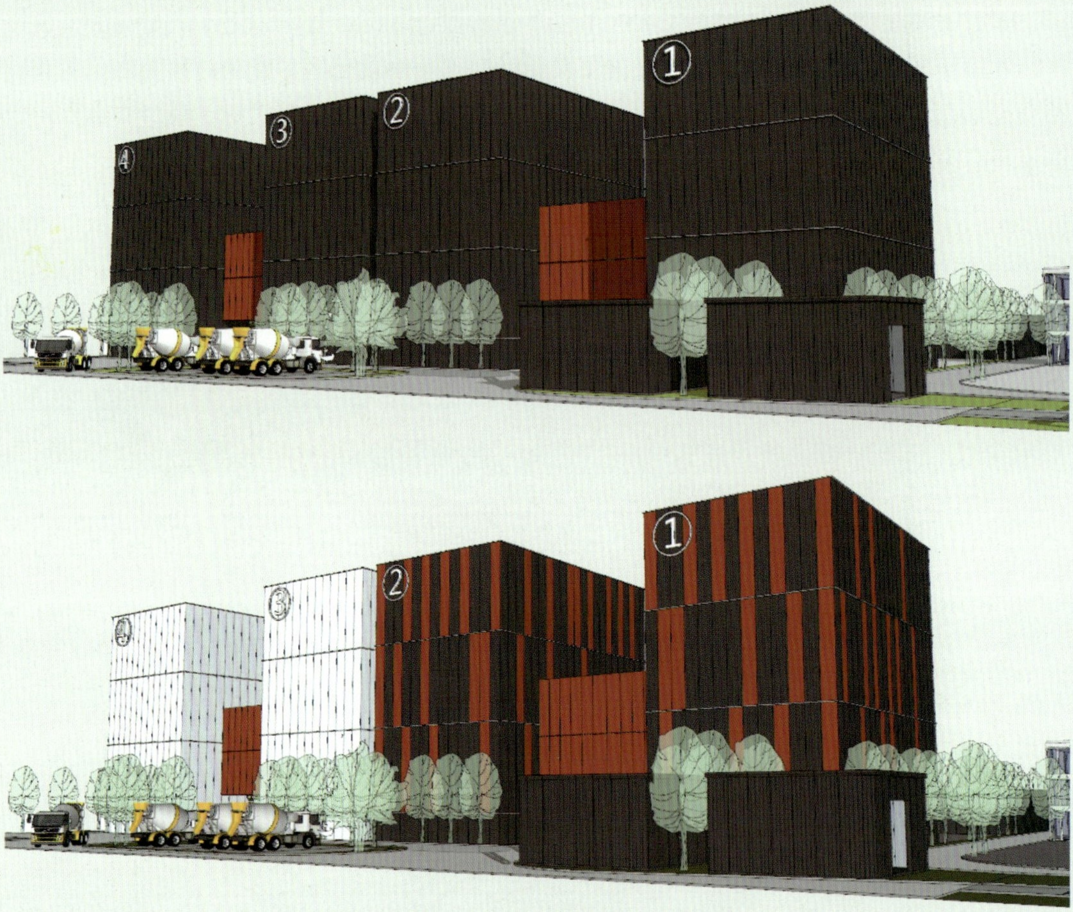

红黑配色效果